SIN LÍMITES

Sin Límites

∞ ──── ∞ ──── ∞

Experimenta la libertad, el poder y el potencial
para lo que fuiste creado

Por
Aaron D. Davis

© 2016 por Aaron Davis. Todos los derechos reservados.

Este libro no puede ser reproducido total o parcialmente en ningún medio escrito, electrónico, grabación o fotocopia, sin el permiso escrito del editor o autor. Sólo se permitirá en el caso de citas breves incorporadas en artículos críticos o reseñas y páginas donde el permiso sea concedido específicamente por el editor o el autor.

Aunque se han tomado todas las precauciones para verificar la exactitud de la información contenida en este documento, el autor y editor no asumen ninguna responsabilidad por errores u omisiones. No se asume responsabilidad alguna por daños y perjuicios que pudieran derivarse del uso de la información contenida en este libro.

Al menos que se indique lo contrario, las citas de las Escrituras fueron tomadas de la Santa Biblia, New International Version®, NIV®. Copyright © 1973, 1978, 1984, 2011 por Biblica, Inc.® Usado bajo permiso de Zondervan. Todos los derechos reservados internacionalmente. www.zondervan.com. "NIV" y "New International Version" son marcas registradas en United States Patent y Trademark Office por Biblica, Inc.®

Las citas de las Escrituras marcadas NLT fueron tomadas de la Santa *Biblia*, New Living Translation, Copyright © 1996, 2004, 2007 por Tyndale House Foundation. Usado bajo permiso de Tyndale House Publishers, Inc., Carol Stream, Illinois 60188. Todos los derechos reservados.

Las citas de las Escrituras marcadas KJV fueron tomadas de la versión de la Biblia del Rey Jacobo, de dominio público.

Las citas de las Escrituras marcadas NKJV fueron tomadas de la nueva versión de la Biblia del Rey Jacobo®. Copyright © 1982 por Thomas Nelson. Usado bajo permiso. Todos los derechos reservados.

Las citas de las Escrituras marcadas MSG fueron tomadas de *The Message*. Copyright © por Eugene H. Peterson 1993, 1994, 1995, 1996, 2000, 2001, 2002. Usado bajo permiso de Tyndale House Publishers, Inc.

Las citas de las Escrituras marcadas AMP fueron tomadas de la Biblia Amplified®, Copyright © 1954, 1958, 1962, 1964, 1965, 1987 por The Lockman Foundation. Usado bajo permiso. (www.Lockman.org)

Las citas de las Escrituras marcadas NASB fueron tomadas de New American Standard Bible®. Copyright © 1960, 1962, 1963, 1968, 1971, 1972, 1973, 1975, 1977, 1995 por The Lockman Foundation. Usado bajo permiso. (www.Lockman.org)

Las citas de las Escrituras marcadas TLB fueron tomadas de The Living Bible. Copyright © 1971. Usado bajo permiso de Tyndale House Publishers, Inc., Carol Stream, Illinois 60188. Todos los derechos reservados.

Traducción al español de Limitless, Sin Limites, proporcionado por: Yohanny Reyes. Traducción revisada por Karen E. Arias.

Índice

Dedicatoria ix

Testimonios x

Prólogo xvi

Introducción xxi

Parte I: ¿Quién es Dios? 1

Capítulo 1: Dios no está enfadado contigo 2

Capítulo 2: Equilibrar la voluntad de Dios y nuestra tragedia 6

Capítulo 3: Creer la mentira o acoger la verdad 10

Capítulo 4: Enfoque desviado 13

Capítulo 5: La Gracia es la verdad 16

Capítulo 6: Jesús es la verdad 20

Capítulo 7: Jesús restauró lo que el pecado destruyó 23

Parte II: ¿Quién soy yo? 27

Capítulo 8: La manera como te ves a ti mismo, importa 28

Capítulo 9: Cómo piensa un hombre... 33

Capítulo 10 : No recordaré sus pecados nunca más 37

Capítulo 11: Sin condena 41

Capítulo 12: Espíritu, cuerpo y alma 45

Capítulo 13: La provisión de Dios y los precios del pecado 49

Capítulo 14: Tú eres quien Él dice que eres 53

Parte III: ¿Dónde he estado? 56

Capítulo 15: Puertas abiertas y permiso 58

Capítulo 16: Puertas abiertas Parte II: Intrusión, allanamiento de morada e invasión 62
Capítulo 17: La infección del rechazo 66
Capítulo 18: Procesando el dolor 70
Capítulo 19: 100 por ciento 74
Capítulo 20: El poder de las palabras 79
Capítulo 21: Maldición de la conciencia 84

Parte IV: ¿Dónde estás ahora? **90**
Capítulo 22: Golpeando marionetas 91
Capítulo 23: Alistarse para la batalla 95
Capítulo 24: No debes caminar con miedo nunca más 99
Capítulo 25: El fruto es un derivado 103
Capítulo 26: Lo que sucede en la mente, sucederá con el tiempo 107
Capítulo 27: ¿Perdonar y olvidar? 112
Capítulo 28: Cuatrocientos noventa 116

Parte V: ¿Adónde voy? **119**
Capítulo 29: Enséñanos a orar 120
Capítulo 30: Cree que lo recibirás 124
Capítulo 31: Autoridad del Reino 127
Capítulo 32: Ya está en ti 131
Capítulo 33: Sigue llamando a la puerta 136
Capítulo 34: El poder de una declaración 140
Capítulo 35: Se ha consumado 144
Conclusión 149
Acerca del autor 152

Dedicatoria

Nadie alcanza el éxito por sí solo. Sólo progresamos y prosperamos mediante asociaciones ordenadas por Dios.

Me gustaría dedicar este libro a mi hermosa compañera de vida, la bendición que siempre sigue bendiciendo y mi esposa de veinte años, Lisa.

Reflexionar sobre los últimos veinte años... ¡Guau! ¡Qué aventura! Este libro ha sido publicado casi veinte años desde el momento en que decidimos empacar todo lo que teníamos y mudarnos a Nashville, Tennessee. A lo largo de los años, has sido mi roca. Cuando quise darme por vencido y tirar la toalla, fue tu voz la que me mantuvo firme. Cuando no sabía cómo seguir, seguiste animándome con la esperanza y visión que ya había sacado de mi mente. Me has apoyado en tiempos abrumadoramente difíciles y, aunque conoces todos mis defectos y limitaciones, de alguna manera te las arreglas para seguir siendo mi mayor fan. No habría otra manera de estar donde estoy (o ser quién soy) sin tu amor y apoyo. Estos libros nunca habrían sido escritos, los mensajes nunca habrían sido comunicados, las vidas nunca hubieran sido tocadas y la libertad y la curación que la gente experimenta como resultado de la lectura de este libro, quizás nunca habría tenido lugar. Eres el pegamento que la mayoría nunca ve, ese que mantiene todo junto para hacer que todo sea posible. La única manera en que he podido continuar de pie, es contigo a mi lado. Cada vida que ha sido tocada o ha cambiado como resultado del ministerio al que Dios nos ha llamado, tiene que agradecerte a ti. Nada de esto podría haber sucedido sin ti.

Te quiero, "mi niña". Gracias por amarme.

Testimonios

Aaron Davis es un líder generacional con una pasión continua por ver a la gente caminar en libertad. Dentro de *Sin Límites* encontrarás principios que cambiarán tu vida, literalmente. Aaron ha establecido un marco en el que responde a las preocupaciones interpersonales acerca de Dios y el lugar que Él ha creado para ti en este mundo. Aprenderás las herramientas cognitivas que te capacitan para pensar, creer y vivir libremente. Este *manual* es un recurso de ayuda para todos los luchadores. ¡La libertad está realmente al alcance de la mano!

>Patrick Norris
>Profesional multicertificado en adicciones (IITAP)
>Pastor Titular – Iglesia LifePointe (Kansas City)

Como ex-Navy SEAL, no puedo resaltar suficiente la importancia de tener la mentalidad correcta antes de entrar en la batalla. La DISTRACCIÓN es el mayor enemigo para combatir de manera eficaz y dominar el campo de guerra. Si no te mantienes concentrado en la misión, atraerás la derrota, literalmente. Cualquier persona que haya luchado para ganarse la vida sabe que, si puede controlar la cabeza de su enemigo, ya sea física o mentalmente, su oportunidad de vencer crece exponencialmente (el cuerpo va hacia donde se dirige la cabeza). Tenemos un enemigo que nos ve como enemigo, utiliza técnicas de distracción para sacarnos de la misión y crea barreras y ciclos repetitivos que trabajan en contra del plan de batalla inicial; ese que inicia cuando Jesús entra en nuestros corazones. En *Sin Límites*, Aaron Davis te ofrece pautas de esas que cambian la vida, con el objetivo de superar mentalidades autodestructivas, experimentar la victoria sobre las barreras en tu vida y vivir tus sueños convirtiéndote en lo que Dios creó para ti.

Jeff Bramstedt
Ex-Navy SEAL
Fundador del Ministerio Life of Valor Men

Inicialmente, cuando experimentamos el programa de Libertad Sin Límites con el Pastor Aaron, mucho de lo que allí se decía era completamente nuevo y extraño para nosotros. Nunca habíamos escuchado sobre nuestro pacto con Dios. No sabíamos sobre todo lo que hizo Jesús por nosotros.

No estábamos plenamente conscientes de que las luchas repetitivas y contratiempos que experimentamos en nuestras vidas, están directamente relacionadas con barreras arraigadas en la forma en la que procesamos nuestro pasado. Y no habíamos sido expuestos de manera adecuada al amor liberador y la gracia de Dios. Pero una vez que encontramos y aplicamos las verdades plasmadas en este libro, nuestros ojos se abrieron cuando, como pareja, experimentamos nuevos niveles de libertad sobre temas que se habían convertido en barreras y representaban un techo en nuestro progreso espiritual.

Hoy, seguimos progresando y profundizando nuestra relación con Dios, edificando sobre los cimientos que Él construyó para nosotros. Como dice la Biblia: si el Hijo os hace libres, seréis realmente libres, y nosotros caminamos diariamente por esa libertad. Estamos más que agradecidos con Dios por poner al Pastor Aaron en nuestras vidas y por haber podido experimentar la libertad presentada en este libro. Las herramientas y conocimientos que hemos adquirido han demostrado ser inestimables, hermosamente profundos y han sido una bendición increíble para nosotros. Sabemos que Dios usará *Sin Límites* para cambiar tu vida de forma intensa y poderosa, igual que ha cambiado la nuestra.

Bart y Natasha Walker

Bart Walker
Guitarrista Gibson de Blues del Año 2012
Guitarrista/Cantante/Compositor de Cyril Neville's Royal Southern Brotherhood, Morning Farm Report, The Bart Walker Band
Músico de sesión
www.bartwalker.net

Natasha Walker, MM, MT-BC
Profesora de Musicoterapia, Supervisora Clínico,
Coordinadora de colocaciones clínicas,
Terapeuta de Música Certificado por la Junta de la Universidad de Belmont, Terapeuta de Música NICU
Facilitadora de RHYTHMS
www.resoundingpeace.com

Conocimos al pastor Aaron mientras asistíamos a su clase de Libertad Sin Límite hace varios años atrás, luego de salir de antecedentes tales como entretenimiento para adultos, abuso de drogas, brujería, abuso físico y emocional, negligencia y abandono de infantes; mientras luchábamos con todas las barreras asociadas a estas experiencias (inferioridad, vergüenza, comportamientos adictivos, miedo, ira, orgullo, falta de autocontrol, dificultad en las relaciones personales y rebeldía).

En ese momento, buscábamos respuestas y tratábamos de buscar un lugar donde encajar (si es que había alguno) en lo que se refiere a Dios y Su amor por nosotros, pero a medida que aprendimos más acerca de lo que Dios tiene destinado para nosotros, fuimos capaces de acoger la Gracia de Dios en nuestras vidas.

Eso fue hace más de siete años y hoy continuamos creciendo en nuestra relación con Dios, reconociendo que, aunque no somos perfectos y todavía cometemos errores, seguimos en el proceso de ser perfeccionados por Él.

Estamos seguros de que *Sin Límites* será una bendición para ti, ya que imparte las mismas verdades fundamentales que fueron necesarias para que pudiéramos ir desde donde estábamos, hasta donde estamos hoy en día. No importa dónde has estado o lo que has hecho, tu pasado no te define. El amor de Dios puede llevarte a nuevos niveles de libertad, ¡somos ejemplos personales de ello!

Art y Lisa Bisbee
Ex-actores de la industria de entretenimiento para adultos

No crecí en la familia americana ideal, con padres cariñosos que asistieran a la iglesia todos los domingos. Yo iba a la iglesia, pero vivía en una casa disfuncional donde mi madre era cristiana y mi padre era adicto a las drogas y al alcohol. Nunca entendí por qué eligió las drogas en lugar de a mí. Pensaba que quizás yo no era suficiente y a menudo me preguntaba, "¿Por qué mi padre me abandonó?"

Debido a mi relación con él, no tuve manera de confiar en Dios como mi "Padre" porque pensaba que, si Dios me amaba, Él no permitiría esta disfuncionalidad en mi hogar. Mientras crecía, tomé algunas decisiones imprudentes, por lo que sentí que nunca podría caminar en Su propósito, a causa de todos mis pecados. Hasta que asistí a la clase de Libertad Sin Límites del pastor Aaron.

Los principios presentados en este libro me ayudaron a reconocer barreras en mi vida, al mismo tiempo que aceptaba la verdad acerca de Dios y lo que Él siente por mí. He experimentado la libertad real porque apliqué lo que tú aprenderás al leer *Sin Límites*. Ahora sé que las palabras de Dios son verdaderas y Él me ama, aunque la VIDA diga algo diferente.

Hoy en día, enseño el programa de *Sin Límites* en mi iglesia y he visto a un número de personas caminando en la libertad, el poder y el potencial para el que fueron creados.

Carla Mahlberg
Esposa, Madre, Entrenadora de tecnología, Maestra de Libertad Sin Límites

La mente es el campo de batalla para muchas de las victorias y derrotas que experimentamos en la vida. Cómo proceses los eventos de tu vida, cómo pienses acerca de Dios en relación con esos eventos y cómo te definas a ti mismo debido a esos eventos, tendrá un impacto sustancial sobre tu calidad de vida y experiencia espiritual. En *Sin Límites*, Aaron Davis presenta perspectivas prácticas e instrucciones intencionales para experimentar la libertad, el poder y el potencial que Dios siempre ha tenido planeado para ti.

Greg Wark
Pastor, Presidente/CEO de Mission Force
www.missionforce.com

Como niños nunca nos preguntamos si nuestro entorno es normal porque para nosotros, en ese momento, es todo lo que conocemos. Honestamente, no fue hasta la mitad de mis veinte **años** cuando algunos recuerdos reprimidos comenzaron a surgir lentamente, causando que empezará a reflexionar sobre mi vida entera, peguntándome profundamente en tornos y comportamientos a los que estaba expuesto. Llegué a preguntarme ¿era correcto que alguien me dijera o me hiciera eso?

Cuando comencé a reflexionar sobre estos acontecimientos, muchas emociones inundaron mi mente: ¡vergüenza, ira, tristeza, confusión y conmoción! Pensé que sería capaz de superarlo al meter todo en una caja en mi cerebro, cerrarla y tirar la llave. Fue una idea terrible.

La caja explotó a raíz de varios eventos que causaron una serie de emociones, que terminaron por desencadenar la que seguramente ha sido la depresión más dura que he experimentado.

Luego llegó *Sin Límites*. El círculo vicioso mental de dolor emocional comenzó a disiparse. ¡Encontré ALIVIO! Había vivido con mucha confusión, culpa y remordimiento por todos los abusos que soporté durante la mayor parte de mi vida.

Puedo decir sinceramente que *Sin Límites* cambió mi vida, me enseñó cómo amarme y cómo conocerme a mí misma y a perdonar en una escala que ha sido liberadora. Me siento bendecida no sólo por conocer al Pastor Aaron Davis, sino también por poder llamarlo mi amigo ¡Y estoy emocionada por ver cómo las verdades expuestas en *Sin Límites,* pueden llegar a ser, para otros, el catalizador de sanación que ha sido para mí!

    Emily Everman Pack
    Madre, Estudiante

Prólogo

En un viaje reciente, tuve la oportunidad de almorzar con uno de mis mentores en el Ritz Carleton en Dana Point, California. Sentados a 150 pies sobre el océano en una cafetería al aire libre, él me preguntó inesperadamente, "Aarón, ¿qué te impulsa en el ministerio? ¿Qué te apasiona?"

Para algunos, sus pasiones giran en torno a temas como la gracia, curación, salvación, misiones, prisiones, trata de seres humanos, cavar pozos en África, pastoreo, entre otros. No estaba preparado para la pregunta, pero sin perder el ritmo, sin siquiera tener que pensar en ello, una sola palabra salió de mi boca antes de saber siquiera lo que estaba diciendo: "Libertad" Él inclinó su cabeza y entrecerró los ojos. Pude ver que no esperaba oír esa respuesta, por lo que pensé que necesitaba elaborar mi argumento.

La mayor pasión de mi vida es ver a las personas experimentar la plenitud de la libertad que Cristo consiguió para ellos; caminar en la seguridad, confianza y autoridad que Dios creó para ellos; conquistadores en todos los ámbitos de la vida y victoriosos sobre todo ataque del enemigo.

Le dije que estoy convencido de que todo aquel no se haya enfrentado directa e intencionalmente con las barreras en su vida, está lidiando y siendo influenciado por esas barreras. Estoy convencido de este hecho porque yo mismo lo he experimentado. Yo fui aquel chico creyente de quince años, que arrodillado junto a su cama lloraba mientras oraba a Dios para que le ayudara a hacer lo correcto, mientras luchaba contra la lujuria, ira y los ataques de rabia. Y también fui el pastor de treinta años que aún seguía orando, llorando y luchando contra los mismos problemas que cuando tenía quince años. Todo parecía estar bien, pero justo cuando sentía que podía seguir adelante, me enfrentaba de nueva a una de esas mismas batallas que tantas veces habían limitado mi progreso. Y la mayor parte del tiempo me rendía ante el enemigo.

Ninguno de nosotros es tan libre como Cristo nos destinó a ser, y estoy convencido de que las razones principales que ocasionan esta falta de libertad gira en torno a cinco áreas.

1. Lo que creemos acerca de quién es Dios.
2. Lo que creemos acerca de quiénes somos.
3. Lo que creemos sobre dónde hemos estado.
4. Lo que creemos acerca de dónde estamos ahora.
5. Lo que creemos acerca de hacia dónde vamos.

Lo que crees es, en última instancia, lo que produces. La percepción determina la recepción y, para la mayoría de nosotros, ¡la percepción es la realidad!

Los ataques orquestados por Satanás (el enemigo de tu alma) influyen en los sistemas de creencia inconsciente (a los que yo me refiero como cristales) y en la manera en la que procesas cada una de estas cinco áreas. Vives en una constante derrota porque tus cristales confirman la legitimidad de tu realidad actual, moldeando, en última instancia, tus sistemas de creencia y sofocando tu fe.

En esencia, las personas se convencen que son incapaces de superar algún obstáculo (probablemente porque han intentado y fallado muchas veces) y posteriormente se convierten en lo que creen.

Dependiendo de estos eventos y cómo los procesas, se pueden infiltrar compromisos, patrones de comportamiento y sistemas de creencias no bíblicas (a menudo por creer una mentira) y se arraigan, se desarrollan y crecen hábitos perjudiciales (que he llegado a definir como barreras) que no tenemos la capacidad de controlar.

Estas barreras construyen un techo en tu progreso y la mayoría de las veces te retienen o te retrasan cada vez que tratas de salir adelante.

Piensa en ello: ¿Cuántas veces has sufrido el mismo ataque, la misma mala decisión, el mismo evento de auto-sabotaje, el mismo error estúpido o los mismos patrones de comportamiento que obstaculizan tu progreso o te destinan a fallar justo cuando estabas a punto de alcanzar el siguiente nivel de progreso en tu vida? ¡Esto evidencia un bastión que persiste en tu vida!

La mayoría de las veces, estas barreras (y los patrones de comportamiento relacionados con ellas) tienen sus raíces en algo ocurrido durante la juventud; cómo se procesó un evento o secuencia de eventos experimentados a lo largo de tu vida y los mecanismos que hayas adoptado como resultado de estos eventos.

Una barrera no es sólo el comportamiento exterior que exhibes, sino el proceso de sistemas de creencias desarrollados que conduce a comportamientos que has alimentado, aceptado y excusado por años. La razón por la que es tan difícil eliminar estas barreras es debido a que sus raíces son profundas y, a menudo, hacemos realidad lo que llegamos a aceptar o creer.

Hace años compré una casa que tenía gran cantidad de hierba mala en el jardín. La maleza era tan alta como los arbustos que tenía a su lado. Me decidí a cortarla con una cortadora de césped. La verdad se sintió muy bien. ¡Pude derrotar a la hierba mala! Pero un mes más tarde, la hierba había vuelto a crecer casi tan alta como antes y, por lo tanto, la rocié con *una mezcla para matar malas hierbas*. Pero no. Algunas hojas murieron, pero con el tiempo el mal volvió.

Era obvio que la hierba había estado creciendo allí por mucho tiempo y no tenía prisa por irse. Analicé la situación y pensé que, por no haber desenterrado las raíces, la hierba se restablecía rápidamente, por lo que asumí que debía acabar con todo (incluidas las raíces). Después de todo, *era sólo maleza*.

Ahora, soy un hombre mayor, pero para aquel entonces era oficial SWAT, en la mejor forma física de mi vida. Iba al gimnasio todos los días. Me agaché, agarré la hierba por la base y tiré tan fuerte como pude. La maleza no se movía. Agarré una pala y empecé a cavar alrededor de ella. Enterré la pala bajo la maleza y traté de levantarla. La pala se rompió.

¡Estaba furioso! Fui al garaje y agarré el pico. Pasé los siguientes quince minutos excavando un par de metros por debajo del suelo, rompiendo las raíces que se entrelazaban con las de los arbustos a su lado. No lo podía creer. Parecía imposible.

Eventualmente pude arrancar la maleza, pero me costó mucho trabajo y energía. Las raíces habían descendido probablemente dos pies bajo tierra. No era hierba común; ¡era maleza de árbol! No quería tener que lidiar con esto de nuevo, así que analicé bien la situación.

Unas semanas más tarde, vi que la hierba crecía nuevamente. Las hojas confirmaban mi sospecha: era la misma clase de hierba que tanto me había costado eliminar unas semanas antes. Esta vez me acerqué y la arranqué con dos dedos.

Una revelación vino a mí en ese momento acerca de las barreras en nuestras vidas. La mayoría de nosotros reconoce que la barrera es indeseable, igual que la maleza. Así que, como yo, todos agarramos la cortadora de césped y cortamos la hierba para no tener que vivir con ella. Pero en una semana, un mes, o seis meses, tendremos que enfrentarla nuevamente, pues llegarán a arruinar el hermoso paisaje de nuestras vidas.

En algún momento decidimos que queremos eliminarla; oramos y le pedimos a Dios que arroje un poco de herbicida. Y eso ayuda por un tiempo. Pero la verdad es que puede llegar a crecer significativamente, porque el suelo de nuestras vidas suele ser fértil para estas situaciones. Por lo tanto, nos damos cuenta de que necesitamos algo de intencionalidad para poder arrancarlas de raíz. Después de todo, en la mayoría de los casos, estas situaciones existen porque les permitimos crecer dentro de nosotros, aunque sabemos que no son beneficiosas.

Así que, al igual que la hierba que ha crecido después de tantos años, nos damos cuenta de que arrancarla puede ser bastante agotador y difícil. En el intento se han roto algunas palas, nos hemos cansado tratando de arrancarla y muchos de nosotros creemos que es suficiente con cortarla sólo de vez en cuando, en lugar de arrancarla completamente de raíz.

Pero déjame decirte que vale la pena todo el trabajo que implica arrancarla. Una vez que pases por este proceso, identifícalo, aprende a reconocerlo en sus primeras etapas de desarrollo y ten la mejor de tus intenciones para no permitir que se arraigue en el suelo nuevamente (como lo hizo alguna vez) y antes de que pueda limitar tu potencial y la creación de ese techo que no te deja ir más alto.

¡No tienes que vivir en la derrota! Ese techo no fue diseñado por Dios para mantenerte alejado de tu destino. Hay formas de liberarse de esas barreras que el enemigo ha construido para limitar tu progreso. En los próximos capítulos de este libro discutiremos los pasos necesarios para derrumbar estas barreras de una vez por todas.

Introducción

La Biblia dice en Juan 8:36, "Si el Hijo te hace libre, de verdad serás libre" (nasb); Isaías 53:4-5 dice, -El hecho es que fueron nuestros dolores los que sufrió, nuestras desfiguraciones, con todo... Fueron nuestros pecados los que le hicieron daño, le rasgaron y azotaron ¡nuestros pecados! Él tomó el castigo, y eso nos curó. A través de sus contusiones fuimos sanados" (msg). Sin embargo, para muchos en el cuerpo de Cristo, estas escrituras son un sueño lejano, lleno de esperanza; un objeto para establecer su fe, pero muy lejos de una realidad, porque no se sienten libres ni sanados.

No sienten que Jesús está cargando con sus dolores, desfiguraciones, y otras cosas que puedan causarles daño. Por el contrario, a menudo las experiencias infructuosas parecen reflejar que están llevando el peso de todos sus pecados sobre sus hombros. Como muchos, tú te debes haber cansado de luchar y perder las mismas batallas, a nivel espiritual, mental, físico y emocional, una y otra vez durante toda tu vida y la sanación en estas áreas parece más una fantasía que una realidad alcanzable.

Ciertamente no es por falta de querer "ser mejor", rezar para que Dios aleje los deseos pecaminosos o para que te ayude a superar tus fracasos repetitivos. Si las lágrimas y la oración fueran el único catalizador para la superación, habrías experimentado la victoria hace mucho tiempo. Pero después de años de oración, años de lágrimas y años de repetidos fracasos, probablemente hayas experimentado la dura realidad de que tal vez tendrás que aprender a vivir con este dolor, debilidad y pecado en tu vida; manejarlo en lugar de superarlo; aceptar la realidad de la esclavitud y nunca experimentar la libertad desde la perspectiva de Juan 8:36. Incluso como pastor, experimenté durante años este carrusel de éxitos y fracasos, lágrimas y oraciones, victorias temporales eclipsadas por derrotas repetitivas.

Hace varios años dicté un curso de discipulado de seis semanas acerca de ser lo que Dios quiere que seamos y establecer medidas preventivas en áreas donde a menudo fracasamos. Por lo general, cuando alguien termina una de nuestras clases de discipulado, recibe un certificado de finalización y pasa a otra clase. Sin embargo, tuve varias personas en clase que tomaban el curso por segunda o tercera vez. Inicialmente asumí que les gustaba mi forma de enseñar o no encontraban otra clase que les interesara. Pero me decidí a preguntarles por qué.

Todos tenían las mismas opiniones: "Pastor Aaron, entendemos lo que enseña en su clase y tiene sentido. Hemos leído el libro, hemos escuchado la clase y hemos tratado de aplicarlo, pero la libertad que usted dice que es posible, no es la que experimentamos en nuestras realidades. Asumimos que hay algo que nos falta y por ello decidimos tomar la clase otra vez para ver si es que hemos entendido mal."

Cuando me di cuenta que estas personas representaban un 25 por ciento del curso previo y todas ellas transmitían el mismo desánimo, noté que las medidas preventivas que enseñábamos no eran suficientes. Inmediatamente supe lo que estaba pasando, pues yo me había enfrentado a las mismas batallas durante los años en los que trataba de hacer lo correcto, pero terminaba cayendo en las mismas derrotas ocasionadas por esas mismas batallas que ya había luchado. Lo que estas personas experimentaban era el resultado directo de barreras (**áreas** en las que experiencias, mentalidades, derrotas anteriores y compromisos, permiten que se establezcan y crezcan influencias irreligiosas) en sus vidas. La mayoría de estas personas nunca aprendieron lo que es una barrera, cómo llegaron allí o cómo deshacerse de ellas, y no teníamos un ministerio en nuestra iglesia para abordar estas cuestiones de manera directa.

Durante años tuvimos a una pareja en nuestra iglesia que enseñaba sobre la superación de barreras e incluso tenían un seminario de fin de semana que trataba directamente con estos temas. Pero entonces Dios los llamó a otro estado y, cuando ellos se fueron, también lo hizo ese ministerio. Para ese entonces, nuestra iglesia crecía e incluso había sido nombrada la vigésimo tercera iglesia de mayor crecimiento en el país, por lo que no pudimos asimilar el vacío de su partida inmediatamente. Pero luego comenzamos a notar que, la afluencia de nuevos rostros, significaba incremento de barreras personales no resueltas, y no teníamos un ministerio establecido para lidiar con este problema.

En la siguiente reunión de personal, luego de que terminara el curso que yo impartía, mencioné lo que había observado y sugerí que buscáramos a un nuevo ministro que tuviera el corazón necesario para llenar el vacío que dejaron los ministros de "libertad de barreras" anteriores.

Pensé que, con llamar la atención del personal en relación con este asunto, ya había hecho mi parte.

Mi pastor se sentó en silencio durante unos diez segundos y me dijo: "De acuerdo, Aaron, tú diriges ese ministerio."

Inmediatamente traté de explicar por qué yo no era el hombre adecuado para ese trabajo. Me sentía mal preparado; no me veía a mí mismo como un ministro de la libertad. Tenía una noción preconcebida de lo que el ministerio de la libertad necesitaba y yo no encajaba en ese molde. Sabía el peso de esta responsabilidad, sabía que iba a tener que construir esto desde cero y hacer un montón de investigación para desarrollarlo y, honestamente, no aceptaba la idea de asumir la tarea. Pero ya no importaba. La decisión había sido tomada y al parecer mi pastor vio algo en mí que yo no veía. Me miró y dijo: "Aaron, creo que eres el hombre perfecto para dirigir este ministerio. Quiero que lo hagas." Así que, a regañadientes, acepté.

Durante los siguientes meses oré y pedí ayuda a Dios, leí libros, tomé muchas notas, asistí a seminarios y eventos y vi cómo otros ministerios que yo respetaba instituían este tipo de ministerios en sus iglesias. Finalmente, desarrollé el plan de estudios que terminó por convertirse en este libro.

Debido a que crecí en la iglesia y tuve relaciones muy cercanas con personas que han trabajado o participado en ministerios de libertad, tenía muchas ideas preconcebidas acerca de cómo la gente puede obtener la libertad y caminar en ella. Estudié de todo, desde ministerios de curación interior (para personas gravemente traumatizadas) hasta ministerios de liberación clásicos.

Lo que he notado después de enseñar estos temas durante cinco años, es que algunas personas experimentan heridas tan profundas que las impactan en niveles tan traumatizantes a nivel emocional, que necesitan intervención profesional individual (profunda), que aborde aspectos de libertad espirituales y psicológicos. Pero la mayoría de la gente lidia con áreas en las que el enemigo ha hundido sus garras en forma de una o dos barreras en sus vidas y toda su experiencia cristiana se define por el fracaso repetido en áreas que parecen no haber podido superar.

Una revolución de libertad

Estoy convencido de que hay libertad y poder ilimitado para experimentar en estas áreas, pero la mayoría no conoce lo que hay disponible para ellos o bien no se les enseñó cómo experimentarlo. Creo que está ocurriendo una revolución en la que el pueblo de Dios descubre lo que está destinado a ser y lo que Dios ha hecho para asegurarse que puedan experimentarlo.

En este libro abordaremos varios aspectos esenciales para experimentar la Revolución de la Libertad y abolir las barreras en su vida.

Este libro está dividido en cinco partes.

Parte 1: ¿Quién es Dios?
Parte 2: ¿Quién soy yo?
Parte 3: ¿Dónde he estado?
Parte 4: ¿Dónde estoy ahora?
Parte 5: ¿A dónde voy?

Al leer este libro, verás que cada parte está dividida en siete capítulos. Mi plan es que este libro se use como plan de estudios de cinco semanas, donde se pueda leer un capítulo al día (en menos de cinco minutos) durante cinco semanas, para que entiendas y experimentes la libertad, en poco más de un mes. Se puede estudiar en grupos pequeños o de manera individual.

Al final de este estudio, comprenderás lo que Dios quiere que seas como representante de Su reino. Entenderás lo que es una barrera, serás capaz de identificar cómo llegó allí y tendrás la capacidad de identificar aquello que le ha dado autoridad para arraigarse. Al final comprenderás cómo puedes revolucionarte con la libertad que Cristo ha proporcionado para ti y caminar con autoridad por estas áreas de fracaso repetitivo.

He sido pastor de ministerios de la libertad por varios años y puedo decir que me encanta. Me gusta ver la libertad y la sanación que la gente experimenta después de años de dolor, frustración y esclavitud. Me encanta ver la luz que adquieren los ojos de las personas y la fe en sus corazones cuando notan que ya no tienen que vivir bajo el peso de las cadenas con las que han vivido durante tanto tiempo. En última instancia, me encanta ver que el reino de Dios triunfa sobre cualquier otro reino o nombre, y en muchos casos, logra exaltarse por encima del nombre de Dios, en las vidas de sus hijos.

En todos estos **años que he pasado desarrollando y enseña**ndo este material, todavía no he visto a nadie que haya aplicado los temas de este libro y que no experimentará un cambio significativo y tangible en su realidad.

La libertad ya no es una esperanza lejana en tu vida. ¡Puede ser una realidad! Por lo tanto, si **aún no la** has experimentado, lo harás eventualmente.

La Biblia dice en Mateo 6:33: "Pero primero y más importante, busca (apunta, lucha después) a Su reino y Su justicia [Su manera de ser y hacer lo correcto/la actitud y el carácter de Dios] y luego, cualquier otra cosa que necesites en tu vida será agregada."

Estoy más que emocionado porque hayas optado por este libro y estoy seguro de que, a medida que "busques tu manera de ser y hacer lo correcto", no te sentirás decepcionado. Prepárate para una revolución de libertad. Las cadenas están a punto de romperse. ¡Tu vida está a punto de cambiar para siempre!

Porque para nosotros nace un niño, un hijo nos es dado, y el gobierno estará sobre sus hombros. Y él será llamado Consejero Maravilloso, Dios Poderoso,
Padre Eterno, Príncipe de la Paz. De la grandeza de su gobierno y la paz no habrá fin. Él reinará en el trono de David y sobre su reino, estableciéndolo y manteniéndolo con justicia desde ese tiempo y para siempre. El celo del Señor Todopoderoso logrará esto.
(Isaías 9:6–7)

Parte I

¿Quién es Dios?

Si le pides a mil personas que te digan quién es Dios, lo más probable es que obtengas mil respuestas diferentes. Por mi experiencia durante años enseñando este material, he visto que la manera en que cada persona ve a Dios (y cómo llegan a esa conclusión), impacta significativamente en la manera en cómo se acerca a Él y, muchas veces, si puede o no tener una relación significativa con Él.

Algunos han recibido información incorrecta. Otros simplemente han llegado a un lugar impreciso basado en experiencias propias o en lo que han observado en las vidas de aquellos quienes creen representar a Dios. Pero no todo se alinea con lo que la Biblia explica sobre Él.

En la Parte I: ¿Quién es Dios? desglosaremos el carácter de Dios desde una perspectiva bíblica y presentaremos una comprensión más consistente de quién es Dios y cómo se relaciona directamente contigo.

Capítulo 1

Dios no está enfadado contigo

Me río cada vez que leo la Biblia y veo a los hombres que Jesús eligió como discípulos de Su ministerio. ¡Qué grupo de delincuentes e inadaptados! Una vez tuvo que reprenderlos por estar a punto de entrar en una pelea sobre cuál de ellos era mejor, más amado, o más ungido por Dios. En otra ocasión, cuando una ciudad no aceptaba su ministerio, querían matar a todas las personas del pueblo hasta que Jesús las hiciera entrar en razón. Mateo era recaudador de impuestos y trabajaba para el gobierno de ocupación romano, Pedro era un fanático (que se oponía violentamente a sus ocupantes, dispuesto a asesinar a los Mateos por aliarse con Roma) sin capacidad de controlar su propio temperamento... Así podría seguir describiendo a cada uno de ellos, todos con defectos y errores. La verdad es que cualquier pastor en el mundo despediría a los discípulos si estuvieran entre el personal de su iglesia, pero Jesús los amó y vio sus valores y fortalezas más allá de sus defectos. Tanto es así que construyó, sobre esos hombros inadecuados pero incondicionales, un ministerio que cambió la historia. Luego vino Pablo, asesino de cristianos en su día, cuya vida fue revolucionada por Dios cuando lo confrontó por sus pecados al tumbarlo de su caballo, cegarlo y enviarle a un cristiano para sanarlo. Terminó escribiendo dos tercios del Nuevo Testamento. Ciertamente, si alguien tuviera un perfil para no ser amado por Dios, seguramente sería aquel que vivía para asesinar cristianos... Sin embargo, Dios lo amaba.

Esto parece no tener sentido ¿verdad?

Más que cualquier otra mentalidad que determine la

esclavitud de barreras en la vida de las personas, está la creencia de que Dios no les ama. Siempre hemos oído el mensaje "¡Dios odia el pecado!" predicado con tanto fervor y tenacidad que la conclusión es, *si Dios odia el pecado y yo soy de los que comete errores todo el tiempo y, sin importar cuánto lo intente, no puedo evitar dejar de pecar; pues entonces Dios está enfadado conmigo e incluso me odia... Porque si peco, entonces soy un pecador... Y me define aquello que Dios odia: ¡el pecado!*

En esta línea de pensamiento, la gente desarrolla un sentimiento de desesperanza en lo que respecta a agradar a Dios y, en cambio, adoptan una mentalidad de "Si no puedes vencerlos, úneteles" y aceptan el pecado como parte de su vida. Todos lo hemos hecho. Concluimos que, si vamos a disgustar a Dios, pues entonces al menos disfrutaremos del momento.

Por supuesto, después llega un momento en el que nos damos cuenta de que no deberíamos haber hecho lo que hicimos. Luchamos con sentimientos de ineptitud, culpa e incluso odio por nosotros mismos. Este es el momento en que, con lágrimas en nuestros ojos, nos dirigimos a Dios y decimos: "Lo siento, lo he hecho de nuevo"... Y nos comprometemos a tratar de hacerlo mejor la próxima vez. Pero cuando llega esa "próxima vez", por lo general nos encontramos en ese mismo estado lamentable y de derrota, ya que los hábitos asociados con las barreras con las que hemos luchado durante mucho tiempo, resultan ser más difíciles de lo que creemos.

Luego nos vamos hacia los escenarios "si/entonces", ya que el tren en nuestro cerebro parte con pensamientos que atraviesan las huellas de la duda y el fracaso: *Debido a que lo he arruinado todo con tanta frecuencia, Dios está enojado conmigo y, por lo tanto, todo lo malo que me pasa, es resultado del juicio de Dios contra mí.*

Cuando tu coche se descompone, *Dios lo hizo.*

Cuando fallas en la prueba para la que estudiaste tanto, *es culpa de Dios.*

Cuando tu amigo va al médico y descubren que tiene cáncer, **¡Vaya! ¡Tiene que haber hecho que Dios se enfadara por algo!**

Y en nuestras mentes, Dios no es el Padre amoroso que describe la Biblia, sino más bien un gobernante tirano del universo que busca una razón para humillarnos y someternos a Su manera de hacer las cosas.

No es de extrañar que la gente no quiera servir a "ese Dios", pero debo decir que ésta es una representación errónea de quién es Dios, al igual que estoy absolutamente convencido de que es un engaño demoníaco vendido a personas de todo el mundo, en un desesperado intento de mantenerlos alejados de una relación verdadera y poderosa con el Dios del universo, aquel que creó al hombre a Su imagen y semejanza para caminar con poder y autoridad sobre todas las obras del diablo.

Hace unos años, mientras escribía mi libro *Quantum Christianity: Believe Again*, Dios me dio una "perspectiva de Padre" sobre este engaño.

Como padre que soy, no puedo imaginar nada más triste que alguien secuestrando a mi hijo para torturarlo. Lo único que podría empeorarlo es si lo engañaran al decirle que yo no lo amo y lo convencieran de que todo lo que le sucede es debido a mi voluntad.

Creo que esto es lo que Satanás ha hecho con nosotros, al sumergirnos en el pecado y convencernos de que Dios está enojado con nosotros. Nuestro enemigo odia a Dios, por lo tanto, ¿qué es mejor que herirlo a través de sus hijos?

Por qué Dios Odia el Pecado

Porque el precio del pecado es la muerte, pero el don de Dios es vida eterna en Cristo Jesús Señor nuestro.
(Romanos 6:23 KJV)

Desde un punto de vista bíblico, es innegable que Dios odia el pecado, pero estoy convencido de que no es debido a la razón que la mayoría asume. ¿Qué tal si Dios odia el pecado porque te ama más de lo que puedas imaginar? ¿Es posible que Dios odie el pecado, no porque le haga daño, sino porque el pecado produce la muerte en tu vida, en Su hijo a quien ama intensamente? ¿Qué tal si Dios odia el pecado porque te lastima? Y si esto es cierto, ¿cómo afecta esto al modo en que percibes el pecado, o incluso cómo Dios lo ve?

Aaron D. Davis

La Biblia dice que Dios te ama, que todo regalo perfecto viene de Él y que Él perfecciona todo lo que te preocupa (**Él se preocupa por todo lo que te afecta y quiere ayudarte a arreglar todo**, en lugar de atacarte por falta de compromiso). Es un Dios bondadoso que quiere hacer cosas buenas por ti. Tú eres Su hijo y te adora.

Él te ama mucho y quiere que lo sepas. Entender este amor es lo último que nuestro enemigo (Satanás) quiere que hagas, porque una vez que lo haces, su control sobre tu vida se debilita considerablemente y **darás** tus primeros pasos hacia la libertad y la autoridad con la que fuiste creado para vivir en esta vida.

A lo largo de este libro veremos la verdadera naturaleza de Dios, quién eres desde una perspectiva bíblica, el impacto de tu pasado sobre tu realidad actual, dónde estás ahora y finalmente hacia dónde vas.

Dios no está enojado contigo; ¡Él te ama! Aceptar esto es el primer paso para experimentar la revolución de la libertad que Dios quiere que vivas cada día por el resto de tu vida.

Capítulo 2

Equilibrar la voluntad de Dios y nuestra tragedia

Mirar a Dios a través de los cristales de Su inmenso amor por nosotros, cambia la manera en la que procesamos muchas de nuestras percepciones sobre Dios y plantea algunas preguntas muy legítimas.

Si Dios es bueno y nos ama, ¿por qué han sucedido ciertas cosas indeseables en mi vida?

He oído a la gente decir: "Dios me dio un tumor cerebral para enseñarme a obedecerle y ahora que el tumor se ha ido, soy una mejor persona". En su mente, todo era parte de un plan maestro de Dios para castigarlos y enseñarles una lección que los haga mejores a largo plazo. Pero ¿qué pasa con la otra persona que murió como consecuencia del mismo tipo de tumor? ¿Cuál fue su lección? ¿Es Dios bueno con uno y no con el otro?

Es difícil racionalizar a Dios desde esta perspectiva, porque lo que tiene sentido en un extremo del espectro no lo tiene desde el otro. En consecuencia, aparecen las excusas y clichés cristianos y religiosos que tratan de explicar nuestra falta de comprensión. "Bueno, los caminos de Dios no son nuestros caminos y nosotros no los entenderemos hasta que lleguemos al otro lado" o "el plan de Dios era usar esta muerte para atraer más gente hacia Él; después de todo, Dios trabaja para nuestro bien, por lo tanto, esto debe ser parte de Su plan ". Esto nos deja con una única conclusión lógica desde esta perspectiva: Dios está jugando a los favoritos, ayudando a unos y haciendo que el otro se pregunte, "¿Por qué a mí?" De esta manera, muchos se sentirán como el niño pobre al que Santa no visitó en Nochebuena.

Pero este nunca ha sido el MO (método de operación) de Jesús. Él nunca le ha dicho a una persona: "Permanecerás ciego para que aprendas a ser humilde... Pero tú, el que está sentado al otro lado; tú serás sanado." Jesús siempre curó con el propósito de acercar a la gente a Dios. Jesús nunca toleró una enfermedad o tragedia para enseñar una lección a las masas. No hay ningún relato bíblico que afirme esto. Por el contrario, las Escrituras confirman que Él sanó a todos, y cuando la gente observó sus obras, comenzaron a creer.

Yo lo entiendo. A veces no sabemos por qué las cosas ocurren de la manera que lo hacen, así que, para salvar la fe, racionalizamos excusas que no tienen sentido y lo más fácil de decir es: "la voluntad de Dios". Pero si somos honestos, las excusas para nuestras circunstancias a través de los cristales de lo que Jesús dijo e hizo, tampoco nos traen consuelo. Entonces, ¿qué pasa si no es la circunstancia la que no tiene sentido, sino los cristales con la que la estamos viendo?

¿El precio del pecado o la voluntad de Dios?

Permíteme presentarte un cristal diferente. ¿Qué tal si vivimos en un mundo plagado de pecado y mucho de lo que experimentamos en nuestras vidas es resultado directo del precio del pecado y no necesariamente la voluntad de Dios? ¿Qué sucede si muchas de nuestras experiencias son consecuencias de personas y sus maneras de hacer las cosas (a través del camino del pecado) en lugar del camino de Dios, y es el precio del pecado el que produce la muerte? ¿Y si es una combinación entre nuestras elecciones y nuestra ignorancia lo que produce nuestras experiencias más que la propia voluntad de Dios?

En 1986, hubo una fusión en unas centrales nucleares en Ucrania, conocida actualmente como el desastre de Chernobyl. La ciudad de Pripyat fue evacuada como consecuencia de esto y, hasta el día de hoy, sigue siendo un pueblo fantasma. La radiación ha sumergido completamente las estructuras e incluso el suelo de esta región, y es inhabitable a menos que, por supuesto, estés dispuesto a sufrir las consecuencias.

Si hoy te dejaran en Europa del Este y caminaras sin rumbo

en la ciudad abandonada de Pripyat, sin darte cuenta de los peligros de la radiación invisible sobre el medio ambiente, podrías suponer que has ganado la lotería al descubrir tu propia ciudad abandonada. Pero tu ignorancia no te protegería de la radiación que penetra silenciosamente en tu cuerpo. Con el tiempo, y debido a tu proximidad, la radiación haría lo suyo y eventualmente produciría la muerte.

El reino del pecado tiene el mismo efecto sobre nuestro ambiente. El precio del pecado produce la muerte y las decisiones del hombre que le llevan hacia el pecado (que también incluyen las decisiones hechas por los demás) afectan nuestras realidades.

Por ejemplo, si un hombre se escabulle de su esposa y su familia para visitar a una prostituta portadora de una enfermedad de transmisión sexual, contraerá *la enfermedad* no porque Dios está enojado con él, ni debido a la voluntad de Dios, sino por las consecuencias asociadas con la *elección* del pecado.

Luego, cuando se va a casa con su esposa y le transmite esta enfermedad, a pesar de que ella no tiene nada que ver con su elección de pecar, las consecuencias de su elección se convierten en una repercusión injusta, en la que otra persona sufre debido a algo en lo que no tiene participación directa.

Muchos de los escenarios que en ocasiones cuestionamos, desde un conductor borracho que mata a una familia inocente y se marcha indemne, a niños hambrientos en África, o enfermedades que plagan nuestros cuerpos; a menudo se producen debido a decisiones que se han hecho.

He oído decir que el mundo entero podría alimentarse con la comida que se produce sólo en Texas. Pero por razones que van desde la codicia hasta la insensibilidad, no se toman decisiones para este tipo de esfuerzos. Y la ciencia médica ha demostrado que la mayoría de los cánceres y enfermedades del corazón, son resultado directo de los alimentos que ingerimos o de los productos químicos que metemos en nuestros cuerpos. En el ejemplo anterior del conductor borracho me pregunto, "¿Qué parte de ese escenario fue voluntad de Dios?

¿El hombre bebiendo en exceso? ¿La elección de conducir mientras se está intoxicado? ¿El inocente asesinado trágicamente?"

¿O todo esto es consecuencia de las decisiones del hombre hacia el pecado?

¿Qué tal si la voluntad de Dios no descansa en las decisiones de pecado del hombre y las consecuencias que experimentamos, sino más bien en la imagen de Dios en la que fuimos creados, buscando Su gobierno en nuestras vidas, hasta el punto en que podamos escuchar Su voz y seguir Sus instrucciones al máximo, para impactar nuestras esferas de influencia y evitar la tragedia cerca de nosotros?

Nunca discutiría con Dios, en Su fidelidad y su obra para nuestro bien. Ciertamente, tiene maneras extraordinarias de convertir las tragedias en triunfos. Pero ¿qué tal si la razón por la que lo hace tiene poco (o nada) que ver con Su participación (o voluntad) en tu tragedia porque, en Su inmenso amor por ti, Dios no está contento de permitir que la tragedia sea la última palabra en tu vida?

Capítulo 3

Creer la mentira o acoger la verdad

He escuchado decir que atribuimos más poder a nuestro enemigo (Satanás) del que realmente tiene y que su único poder yace en su habilidad de engañar al hombre para establecer el reino del pecado. La Biblia dice que, como ladrón, Satanás viene a robar, matar y destruir, pero Cristo vino para que podamos experimentar la vida en esta tierra en toda su extensión (Juan 10:10).

Una y otra vez vemos, a través de las Escrituras, que el MO de nuestro enemigo es claro. En Génesis 3, engañó a Adán y Eva en el jardín; En Isaías 14:16 él es quien hace preguntarse al mundo, ¿es éste el que engañó a las naciones? En Marcos 4:15, él es quien viene para tratar de arrebatar la semilla de la verdad plantada en tu vida. En Juan 8:44, se describe como aquel que no tiene "verdad en él" y "padre de las mentiras". En 2 Corintios 11:14, **él es quien** se disfraza de "ángel de luz". En 2 Timoteo 2:26, **él es quien** engañó al hombre para que fuera malo... Y la lista continúa. ¡Es un impostor!

El diablo odia a Dios

Es evidente que el Diablo odia a Dios y nos odia a todos. Fuimos creados a imagen y semejanza de Dios. Le recordamos a nuestro Padre y nos usa para herir a Dios y tratar de alterar el plan que tiene para Sus hijos, engañando y pervirtiendo lo que Dios creó para la grandeza: ¡Tú!

La Biblia dice que no hay VERDAD en Satanás. En otras palabras, cada vez que abre la boca y susurra algo que va contra lo que Dios dice acerca de ti, ¡ES MENTIRA! Es un engaño destinado a hacerte creer algo que es completamente falso para distraerte de la VERDAD, de quién es Dios, quién eres para Dios y lo que Él tiene destinado para ti.

¡Cuando crees la mentira, autorizas al mentiroso!

La verdad es que Dios te ama y eres Su hijo. Para superar las mentiras con las que Satanás intenta engañarnos, es esencial abrazar la verdad bíblica con respecto a nuestro Dios amoroso. Después de todo, si alguien conoce y acepta una verdad, es muy difícil convencerle de una mentira.

¿Eres padre? Si no, ¿alguna vez has tenido un amor inmenso por un niño? La Biblia dice que Dios nos ama más de lo que cualquier padre terrenal puede amar a sus propios hijos.

Dios es un padre tan amoroso como yo. Dios es tan compasivo hacia las personas y sus necesidades como tú. Dios es tan comprensivo en lo que respecta a Sus hijos como cualquier individuo amoroso.

La Biblia dice que Él sabe dar buenos regalos a Sus hijos (Mateo 7:11). Nos preguntamos, ¿cuáles son esos "buenos regalos"?

Él sabe que necesitas alimento y ropa, de esta manera Él es tu proveedor y te promete vida abundante. Él siente tu dolor y ofrece regalos de sanación y restauración. Él sabe que has cometido errores y te ofrece perdón, sin condena. Él sabe que habrá momentos en los que te preocupas, por lo tanto, te ofrece paz, llamándose a sí mismo el «Príncipe de la Paz», con una paz que la Biblia dice que "trasciende todo entendimiento" (Filipenses 4: 7). Dicho de mejor manera, Él da la paz en una escala que ni siquiera tiene sentido para nosotros. Él sabe que experimentarás tristeza y te ofrecerá Su gozo como fuerza. Él sabe que a veces perderás la cabeza y te ofrece un don de autocontrol que no es natural.

Se da cuenta de que a veces la gente será mala, odiosa, e hiriente, y en esos momentos Él da bondad, tolerancia y dulzura. Él sabe que la gente puede ser poco amorosa y que te puedes sentir sin amor (incluso hay ocasiones en las que no sabemos dar amor) y en esos momentos Su regalo hacia nosotros es amor en una escala que no entendemos, pero que simplemente aceptamos como algo extraordinario de lo que es Dios y lo que podemos ser en Él.

En los momentos en que somos débiles o experimentamos un vacío, es Dios quien llena esos vacíos, cubre los pecados, olvida nuestros errores, perdona las malas decisiones y cree en nosotros, aun si no lo hacemos nosotros mismos. Porque, al contrario de lo que podríamos haber sentido o experimentado en el pasado, Dios sabe cómo darnos los dones positivos que queremos y necesitamos y, experimentar todas estas cosas, es el producto de tener una relación con Dios. Es por esto que Satanás nos ataca en estas áreas, para tratar de evitar que creamos y persigamos lo que Dios quiere proveer para sus hijos.

No creas la mentira

No es Dios quien nos condena. No es Dios quien nos recuerda las decisiones que hemos tomado en el pasado. No es Dios quien señala nuestro pecado o nos hace sentir indignos por las cosas que hemos hecho. Es nuestro enemigo quien hace esto. Es él quien te hace creer que Dios se siente de esa manera, porque mientras creas que no eres digno de acercarte a Dios, sencillamente no lo harás. Rechaza las mentiras que contradicen lo que la Biblia dice de ti y cómo Dios se siente acerca de ti.

Cuando crees en la mentira, se otorga poder al mentiroso. Pero la Biblia dice que la verdad nos hará libres (Juan 8:32). ¿Crees y aceptas esa verdad hoy? Quizás todo esto parezca demasiado para procesar en este momento, pero ¿al menos considerarías la posibilidad de que lo que has leído en este libro te presenta una verdad que aún no has entendido? Quizás ahora puedas comenzar un viaje en el que te veas a ti mismo (y a Dios) a través de otros cristales.

Tienes que empezar por alguna parte y en algún momento, ¿Por qué no aquí? ¿Por qué no ahora?

Capítulo 4

Enfoque desviado

Una de las maneras más efectivas que el Diablo tiene para engañarnos es a través de enfoques desviados. Si consigue desviar nuestros ojos de la verdad (respecto a lo que es Dios), será mucho más fácil convencernos de consideraciones alternativas y menos perfectas.

Todo lo que creemos afecta significativamente a cómo respondemos. Esta es la razón por la que el diablo es tan tenaz en sus intentos de hacernos creer la mentira. Él sabe que cuando creemos en la mentira, damos poder al mentiroso. Y a su vez nuestras acciones y resultados son impactados por nuestros sistemas de creencias. El pueblo de Israel deambuló por el desierto durante cuarenta años, pero la Biblia dice, en Hebreos 3:19, que terminaron experimentando las repercusiones de sus creencias (o falta de ellas) pues primero han deambulado en sus corazones. No tienes que decir en qué crees; tus acciones lo demuestran. Vivimos con nuestros sistemas de creencias diariamente y muchas veces con consecuencias nefastas.

Recientemente, mi hijo de siete años, Rocky, se apuntó en un torneo de jiu-jitsu. En la primera ronda le tocó enfrentarse contra un chico mayor que él y unas tres pulgadas más alto. Pude ver que al pisar la alfombra ya se sentía derrotado dentro de su mente. Él no creía en su capacidad de ganar. El árbitro se volvió hacia los dos y preguntó: "¿Tienen alguna pregunta?" Mi hijo hizo reír al *referee* al preguntarle: "¿No crees que es un poco más alto que yo? "El árbitro dio la señal y la pelea comenzó. Rocky entrena cuatro días a la semana. Estaba físicamente preparado para este torneo, pero se desempeñó muy por debajo de su capacidad en este primer enfrentamiento y perdió.

Curiosamente, Rocky llegó a la final en su división ¿Adivina con quién se enfrentó por la medalla de oro? Así es, el chico más grande que con el que se había enfrentado en la primera ronda.

No tuve tiempo de tener una charla con Rocky, y por lo que asumí, todo seguía igual, pero al momento de pisar la colchoneta, su actitud era diferente. Esta vez tenía una mirada decidida en sus ojos. Y yo tenía una sonrisa. Mi campeón recordó quién era.

A pesar de que eran los mismos dos niños sobre el cuadrilátero, esta pelea final fue completamente diferente a la primera. Los niños eran los mismos, pero los competidores eran diferentes. Esta vez Rocky salió victorioso, y no sólo venció, sino que ganó a su oponente con un marcador de 7-0. Así es, el chico más grande ni siquiera pudo marcar un punto.

Cuando Rocky vino a mí le pregunté: "¿Qué pasó?" Sonrió y dijo: "Papá, yo sabía que él pensaba que podía ganarme de nuevo, pero yo no iba a dejar que lo hiciera" ¿Qué cambió? Su creencia. La habilidad, el talento y la victoria estuvieron siempre dentro de él. Simplemente no creía en sus capacidades la primera vez que le enfrentó

Todas las cosas que pude haberle dicho después del torneo, sobre ser un campeón, creer en sí mismo y perder en su mente antes de empezar la pelea; las aprendió por su cuenta en un solo enfrentamiento, con tan sólo cambiar el enfoque del tamaño de su oponente al tamaño del campeón que tiene dentro de sí mismo.

Me pregunto cuán a menudo este escenario se desarrolla en nuestras vidas mientras miramos el tamaño de nuestros obstáculos, las barreras que nos han golpeado anteriormente en nuestras vidas, el miedo a perder y la preocupación por el dolor de lo sucedido en ocasiones anteriores. En esos momentos nuestro enfoque se desvía de la verdad de que Aquel que está en nosotros (Dios) es **más** grande que el que ha sido enviado para descarrilar nuestro destino y hacernos perder el oro en la pelea final.

Complacer es estar de acuerdo

La Biblia dice que sin fe es imposible complacer a Dios y que una persona que no cree no podrá recibir todo lo que Dios tiene para ella (Hebreos 11: 6, Santiago 1: 7).

Por años leí estos versículos y pensaba que, si no creía plenamente, o si tenía alguna duda en mi corazón en lugar de creer al 100%, no conseguiría **agradar** a Dios, por lo que creí que le estaba decepcionando. Pero recientemente escuché que la palabra *complacer* en el versículo hebreo "es imposible complacer a Dios", implica "estar completamente de acuerdo " y no necesariamente "complacer". Eso es muy diferente.

Con esta interpretación, ahora el versículo dice: "Y sin fe es imposible estar de acuerdo plenamente con Dios". Y las acciones posteriores o respuestas alternativas de estar totalmente de acuerdo con Dios, es estar de acuerdo con las mentiras del Diablo.

¿Cuál podría ser la consecuencia de no estar de acuerdo con Dios? Posiblemente no te verás a ti mismo como Él te ve a ti, responderás de acuerdo a lo que crees, te pararás en la colchoneta con una derrota adelantada en tu mente y no recibirás nada de lo que Dios tiene para ti. No porque no tenga un bien para ti o porque no lo puedas tener, sino porque tu sistema de creencias está enfocado en una mentira que es contraria a la verdad que puedes encontrar en Él.

¿Está tu enfoque desviado? ¿O tu fe mal direccionada? Dios quiere verte ganar. Él te ha provisto de victoria. Dios es más grande que tu enemigo. Es más grande que tus fracasos. Jesús ha vencido todas las obras del Diablo por ti. Hay un campeón dentro de ti esperando que te decidas para conseguir el oro.

¡Si puedes visualizarlo, puedes serlo!

Capítulo 5

La Gracia es la verdad

Seguramente alguna vez has tenido un incidente con alguien mientras conduces y éste se ha acercado unos pocos kilómetros más adelante en un semáforo. ¿Cómo respondes en esta situación? Si eres como la mayoría, miras fijamente hacia adelante, incómodo, golpeando ligeramente el volante, actuando como si nada hubiese ocurrido, como si no lo has visto fijamente y con rabia durante el incidente y deseando que la luz cambie a verde para poder escapar de este momento tan embarazoso. ¿Por qué? Porque actuaste mal y lo sabes. El otro conductor tenía derecho a molestarse, tal como lo habrías hecho tú de haber estado en su lugar.

Este es un ejemplo perfecto de lo que yo llamo *conciencia del pecado*, un baile que muchos practican con Dios y la iglesia casi semanalmente. ¡Actuamos mal, lo sabemos y sabemos que Dios lo sabe! En ese momento comenzamos a procesar nuestra relación y proximidad con Dios basándonos en lo que se nos ha dicho acerca de Él, cómo nos sentiríamos si estuviéramos en los zapatos de Dios y el odio por nosotros mismos que a menudo viene como resultado de actuar mal por enésima vez.

¿Y qué hacemos? Nos escondemos; nos distanciamos; no hacemos contacto visual con Dios, no vamos a la iglesia durante unas cuantas semanas; deseamos que la luz cambie a verde para pisar el acelerador y hacer sonar los neumáticos para escapar de allí, ¿verdad? Pero no eres especial ni estás solo. Todos lo hemos hecho.

Lo que creemos acerca de Dios y acerca de nuestros pecados, a menudo establece la manera en la que le respondemos. Sobre la base de los capítulos anteriores, que describen cómo respondemos a la mentira de cómo Dios se siente acerca de nosotros (o nuestros pecados), ¿crees que es posible que lo que creemos puede influenciarnos a hacer lo que Satanás quiere en lugar de lo que Dios tiene para nosotros?

La gracia es un regalo
La Biblia dice que es por la gracia de Dios (Su inmenso amor y deseo de grandeza hacia nosotros) que hemos sido salvados, a través de creer (fe) en Él y Su gracia amorosa hacia nosotros (y no por obras hechas por nosotros), para que, en última instancia, nadie pueda tomar crédito por ello (Efesios 2: 8-9).

El perdón y la salvación, por medio de la gracia, es un regalo de Dios, pues Él nos ama incluso cuando pecamos. ¡Si pudiéramos ganarlo o perderlo por lo que hacemos, no sería un regalo! Si yo te diera un coche y luego te exijo que me lo pagues o cualquier otra cosa a cambio, no sería exactamente un regalo, ¿verdad? Sin embargo, así es como a menudo procesamos la gracia de Dios. Por un lado, decimos que estamos agradecidos por el regalo de Su gracia y que no podríamos haberla ganado por nosotros mismos, pero luego tratamos de conectar el perdón y la salvación con lo que hacemos o dejamos de hacer.

En este momento, nuestra *conciencia del pecado* toma nuestra relación con Dios, establecida a través de Cristo y el regalo de la gracia y el amor; y la convierte en algo personal, sobre nosotros y la imperfección de nuestra existencia cotidiana.

No es de extrañar que cambiemos en nuestra relación con Dios. A través de la conciencia del pecado, constantemente tomamos regalos que nos ganamos por Él y por Su amor por nosotros y los convertimos en algo relacionado a nosotros y a nuestra incapacidad de pagar por ello. Sin embargo, ese es el objetivo exacto del regalo: no podíamos pagar por él y Jesús lo hizo.

¿Cuán insultado nos sentiríamos si regalamos un coche a alguien y esta persona sigue caminando al trabajo todos los días, mientras trata de ofrecernos un par de dólares para pagar por lo que le hemos regalado y se niega a conducir hasta que haya pagado el coche por completo? No tendría sentido alguno.

Cuando te enfocas en la conciencia del pecado en lugar de la conciencia de Dios, retrocedes a una existencia basada en obras. ¡Y ese es un estado que Dios no quiere para ti!

Nada significa nada

Dios te ama, e incluso cuando cometes tus peores pecados, te ama de la misma manera. La Biblia dice que nada puede separarte del amor de Dios (Romanos 8:39). La palabra nada en el texto original, correctamente interpretada, significa "nada".

Acoger el hecho del amor incondicional de Dios es absolutamente liberador. La Biblia dice: "Conoceréis la verdad y la verdad os hará libres" (Juan 8:32).

Porque Dios estaba en Cristo, restaurando el mundo para sí mismo, sin contar los pecados de los hombres contra ellos, sino borrándolos.
Este es el maravilloso mensaje que nos ha dado para contarles a otros.
(2 Corintios 5:19 TLB)

La gracia es la verdad de la que Dios te ha provisto. Él te ama porque eres Su hijo. Tu pecado no es especial y tú no eres la excepción a Su amor. Cuando la Biblia dice que la verdad te hará libre, está hablando de Su gracia amorosa hacia ti, que te libera de la esclavitud asociada con la conciencia del pecado. ¡Tus pecados están cubiertos y Él te ama!

"No recordaré más sus pecados y actos de iniquidad." Y donde estos han sido perdonados, el sacrificio por el pecado ya no es necesario.
(Hebreos 10:17–18)

Y perdonaré su iniquidad, y nunca más recordaré sus pecados.
(Hebreos 8:12 NLT)

Aaron D. Davis

No huyas de Dios. Eso es lo que el diablo quiere que hagas, creando distancia entre tu persona y Aquel que te hace perfecto. En lugar de eso, corre a Dios y permite que Su gracia y amor derritan el pecado del que eres consciente en tu vida.

Estás perdonado, eres amado y eres limpio ante los ojos de Dios. ¡No por lo que has hecho, sino por lo que Cristo hizo por ti!

Capítulo 6

Jesús es la verdad

Jesús dice en la Biblia, "Yo soy el camino, la verdad y la vida" (Juan 14:6). En otras palabras, encontramos nuestro camino y nuestra relación con Dios, la verdad y la habilidad de vivir como Dios nos destinó, a través de (y debido a) Cristo.

En el capítulo anterior dije: "La gracia es la verdad". Jesús dijo que, si lo hemos visto a Él, hemos visto al Padre, y que Él no hizo nada excepto lo que vio u oyó que el Padre hace (Juan 14: 7-9; Juan 5:19; 12:49).

Cuando estudiamos los Evangelios de la Biblia (Mateo, Marcos, Lucas y Juan), vemos la vida de Cristo explicada desde la perspectiva de cuatro de sus discípulos. La palabra evangelio significa "buenas nuevas". Jesús vino para restaurar nuestra relación con Dios y para mostrarnos las buenas nuevas de cuán grande es el amor de Dios para con nosotros.

A medida que estudiamos la vida de Cristo, vemos que Él es ejemplo de gracia.

¿Alguna vez Jesús condenó a alguien? ¿Alguna vez ocasionó enfermedad para enseñar una lección o acercar a Dios? Cuando alguna mujer era atrapada cometiendo adulterio (un pecado castigado con la muerte en ese momento), ¿La juzgó o demostró su amor? Cuando la prostituta tomó el perfume valorado en un año de salario pecando con varios hombres y lo derramó sobre los pies de Jesús, ¿La corrigió? ¿La condenó o la aceptó con amor? Cuando el ladrón en la cruz le pidió que lo recordara en el cielo, ¿lo menospreció o lo acogió?

Jesús no condenó a nadie. No los rebajó. No los maldijo. No los atacó para darles una lección. No hizo que nadie se sintiera condenado por sus errores o pecados. Nunca maldijo ni condenó severamente a nadie porque no estaba a su altura. ¡Jesús amó a todos aquellos con los que entró en contacto! Recuerda que Jesús dijo: "El que me ha visto, ha visto al Padre" (Juan 14:9). O, en otras palabras, "Mírenme y lo que vean en mí, es una representación perfecta de lo que es Dios, a pesar de lo que han aprendido a creer".

De hecho, los únicos con quienes Jesús se enoja son aquellos que malinterpretan el amor de Su Padre y lo pintan con una luz negativa.

Sólo porque te hayan dicho que Dios es un tirano empuñando un rayo, sentado al borde de la eternidad, esperando a que cometas un error para enseñarte una buena lección y mostrarte que Él es Dios y tú no, no significa que eso sea cierto.

¿Es posible que las personas hayan creado una imagen de Dios basada en cómo serían ellos si fueran Dios, o la forma en que creen que Dios se siente con nosotros cuando pecamos, en un intento de manipular a las personas a través del miedo para que otros hagan lo que ellos dicen por la necesidad de tener el control?

En los días de Jesús, muchos líderes religiosos tomaron este enfoque impío para enseñar quién es Dios y hoy, este falso "espíritu religioso", aún busca pintar una imagen de Dios y Su gracia, que parece inalcanzable. Creo que esto se debe a que, si Dios y Su gracia se vuelven inalcanzables en tu mente, tu búsqueda estará limitada por tu percepción y tus creencias.

¡Pero Jesús!

Jesús vino para que pudiéramos conocer la verdad acerca de Dios, para que pudiéramos ver en Él el ejemplo perfecto de quién es Dios realmente y cómo Dios se siente acerca de nosotros. Lo hizo sabiendo que la verdad del amor y la gracia de Dios hacia nosotros, nos haría libres (Juan 8:32).

Hay tantas opiniones teológicas infundadas que se expresan acerca de quién es Dios, cómo se siente sobre el pecado y cómo se siente acerca de nosotros. Mi única respuesta es esta: Jesús es el ejemplo de la teología perfecta en lo que se refiere a quién es Dios y cómo se siente acerca de nosotros.

Tienes derecho a cuestionar cualquier característica de Dios que no encaje perfectamente con la vida ejemplar de Cristo. (por lo tanto, asegúrate de leer acerca de la vida de Cristo.) Luego, en cuanto a las inconsistencias que escuches de los demás, yo me atrevería a aconsejar, que no sólo cuestiones su consejo, sino que lo deseches si no coincide con las palabras y acciones de Jesús.

Jesús supera la opinión pública y las pontificaciones teológicas. Tú eres quien eres porque Dios dice que lo eres. Dios te ama porque dijo que te ama. Las opiniones del resto son sólo palabras sin valor.

Capítulo 7

Jesús restauró lo que el pecado destruyó

El libro del Génesis nos enseña que Dios creó al hombre a Su imagen y semejanza para que tuviera una relación con Él. Le dio autoridad al hombre sobre la tierra con el propósito de enseñarle cómo usar esa autoridad para gobernar con la sabiduría de Dios y establecer el reino de Dios (la manera de Dios de hacer las cosas) sobre la tierra.

El pecado separó al hombre de los beneficios de una relación sin filtros con Dios y, en última instancia, la plena comprensión del uso de la autoridad que Dios le dio para establecer Su reino en la tierra.

Esta separación tuvo un gran costo para el hombre, quien durante miles de años se limitó a oír la voz de Dios a través de las vasijas imperfectas y pecaminosas de líderes y profetas que no siempre la representaban fidedignamente. Todos ellos interpretaron a Dios y a sus palabras a través de cristales de imperfección. Algunos de ellos se volvieron arrogantes; otros cayeron en niveles deshonrosos de depravación. Todos ellos tenían sus defectos. Todos estaban limitados por sus propias experiencias y capacidad de interpretar con claridad la intención de Dios.

Sus alianzas con Dios fueron inspiradas por Él, pero limitadas por su humanidad. Incluso el idioma creó una barrera para el mensaje de Dios. Piénsalo. ¿Alguna vez has sentido algo muy fuerte, pero cuando tratas de expresarlo, las palabras usadas no eran las adecuadas? Si Dios les reveló algo de manera perfecta, puede haber sido contaminado por la imperfección y la limitación del idioma.

Sin embargo, Dios inspiró sus palabras y su liderazgo. Y en Su perfección, fue capaz de trabajar dentro de las limitaciones de la imperfección del hombre, para continuar llevando a la humanidad por el camino para que le conozcan. En última instancia, pudieron experimentar la perfección encontrada en Su Hijo, quien no está contaminado por el pecado y puede expresar perfectamente el corazón del Padre en una alianza nueva y perfecta.

Lo que estaba perdido

De acuerdo con Lucas 19:10, en Su perfecto amor por nosotros, Dios envió a Jesús para restaurar "lo que estaba perdido" (NBLH). Lo que se menciona en Lucas 19:10 es todo lo perdido a causa del pecado. Dios le dio autoridad al hombre sobre la tierra y siempre tuvo la intención de tener una relación personal e íntima con él. Siempre quiso enseñar a la humanidad y establecer Su voluntad y reino en la tierra a través de nosotros.

Jesús restauró nuestra relación, nuestra intimidad, nuestra autoridad y nuestra capacidad de conectar personalmente y comunicarnos con el Dios del cosmos, el Dios que creó el universo (que la ciencia ha demostrado tiene más estrellas en él, que granos de arena en cada playa y desierto en la tierra). Es cierto. Aunque los números varían mucho dependiendo de quién hace el cálculo, se especula que hay alrededor de siete trillones quinientos billones de granos.[1] Sin embargo, hay entre 10 sixtillones y un septillón de estrellas en nuestro universo.

Y el Dios que creó todo eso, te creó para tener una relación íntima e intencional con Él. Él quiere ser nuestro Dios, que nosotros seamos Su pueblo y que busquemos Su reino y lo llevemos con victoria y autoridad a cada lugar donde veamos que el infierno prevalece en la tierra.

No sé por qué, pero muy honestamente, me siento asombrado por esta idea. El Dios del universo me conoce, me ama, me quiere, me apoya, me ofrece, pelea por mí, me protege, me rodea, me instruye, me anima, me ordena, me da poder y me apoya.

Creer verdaderamente y estar plenamente de acuerdo con

---

[1] Visita www.npr.org para conocer más hechos científicos fascinantes.

el amor ilimitado, la gracia, el poder, la autoridad y la relación con ese Dios, revoluciona los comportamientos, las experiencias transformadoras y las existencias liberadoras.

La creencia correcta conduce a la vida correcta

La creencia correcta conduce a la vida correcta. Solo con conocerla, esta verdad te hará libre. Cuando lo que es Dios y cómo se siente acerca de ti se vuelve más real para ti que lo que no eres, no habrá diablo en el infierno o batalla frente a ti, que tenga el poder de intimidarte o retenerte.

Debido a su abrumador amor por nosotros, ¡Dios pagó el precio que no podríamos haber pagado, para ser quienes de otra manera nunca podríamos haber sido!

Jesucristo entra en escena como el ejemplo de todo para lo que fuimos creados, el autor y consumador de todo aquello hacia lo que extendemos nuestra fe, justificando y fortaleciendo nuestra aspiración divina, nuestra victoria y nuestro libertador, nuestro Rey y nuestro Salvador.

¿Es posible que nuestros sistemas de creencias hayan influido en nuestra realidad actual? La Biblia dice que el pueblo de Dios perece por falta de conocimiento (Oseas 4:6). ¿Podría ser que no hemos sabido quién es Dios y cómo se siente acerca de nosotros, y esta falta de conocimiento nos ha impedido ser los embajadores victoriosos de Dios, como Él pretende que seamos?

¿Y si te dijera que hay más de lo que has experimentado? ¿Y si te dijera que no tienes que estar atado al pecado? ¿Y si te dijera que eres el resultado de la idea de un Dios amoroso? ¿Y si te dijera que Dios siempre quiso que fueras más de lo que eres?

Porque hay más. No tienes que estar atado. Él siempre ha querido que seas más y lo quiere quizás más de lo que tú mismo lo deseas.

Antes que te formara en el seno materno, te conocí [y te aprobé como Mi instrumento escogido], y antes que nacieras, te consagré, [A mí mismo].
(Jeremías 1:5 AMP)

Sin Límites

En la siguiente sección, discutiremos quién eres realmente desde la perspectiva de Dios. Prepárate: tus percepciones están a punto de ser desafiadas y tu vida está a punto de cambiar.

Parte II

¿Quién soy yo?

Para la segunda parte de este libro nos basaremos en el entendimiento establecido inicialmente en la primera parte, presentando un caso claro acerca de quiénes somos desde la perspectiva de Dios.

Ciertamente hay voces conflictivas que compiten por nuestra atención e intentan influenciar nuestra decisión. ¿Pero por qué? ¿Es posible que nuestro enemigo, el diablo, haya atacado nuestras mentes con respecto a cómo nos vemos a nosotros mismos, porque si acogemos la verdad acerca de quiénes somos en realidad, su capacidad de influir en nosotros y usarnos para sus propósitos se vería afectada?

La verdad de quiénes somos puede ser muy diferente de lo que creemos que somos. Pero nuestros sistemas de creencias influyen en nuestros resultados. En la segunda parte, vamos a enfrentar algunas de las mentiras que hemos acogido y aprender por qué es importante que nos veamos a través de cristales adecuados para experimentar la revolución de la libertad que Dios nos ha proporcionado.

Capítulo 8

La manera como te ves a ti mismo, importa

Pocas cosas influyen tanto en nuestros resultados como la manera en que nos vemos a nosotros mismos. Henry Ford alguna vez dijo: "Si crees que puedes o crees que no puedes, tienes razón" En capítulos anteriores hablamos sobre quién es Dios y en los próximos vamos a ver quiénes somos.

Como pastor, he encontrado a tantas personas (incluyéndome) que han pasado por tiempos difíciles: ha perdido empleos, casas, familias, etc., y terminan preguntándose: "¿Por qué estoy ¿aquí? ¿Cuál es mi propósito? ¿Quién soy realmente?"

Yo mismo he pasado por esta misma ronda de preguntas en algunas ocasiones. La primera vez fue en el ministerio, cuando por un momento me agoté y estaba listo para tirar la toalla tanto en la iglesia como en el pastoreo. La segunda vez se produjo cuando era oficial, después de un atentado contra mi vida en el cumplimiento del deber, donde lo perdí casi todo. En ambas ocasiones, el hecho de enfrentar dificultades y no rendirme (aun queriendo hacerlo) me ofreció una perspectiva que me hacía falta en ese momento.

¿No es interesante cuánto puede influir la decepción en nuestros procesos y comportamientos? Cuando me decepcioné en el ministerio hace unos quince años, había llegado a un punto en el que amaba a Dios intensamente, pero luchaba contra la manera en que su pueblo trataba a los demás.

Quizás lo has sentido. Me sentía desanimado cuando veía cómo las personas que se hacían llamar cristianos odiaban a los demás e incluso a mí. Durante esta temporada, el enemigo organizó una fiesta en mi cabeza y trató de convencerme de que la iglesia y mi contribución hacia ella era inútil. Sentía que la gente pensaba y hacía lo que quería y yo no tenía ninguna influencia para cambiarlos. Curiosamente, llegué a ser tan crítico y desamoroso hacia ellos, como ellos eran con los demás y las escrituras se cumplieron en mi vida: "Donde hay celos y ambición personal (la KJV usa la palabra "conflicto"), encontrarás desorden y toda cosa mala"(Santiago 3:16).

En ese entonces escribí este poema expresando mi frustración y mi lucha interna contra la ira, el juicio y el pecado. Tal vez te identifiques.

¿Quién soy realmente?
Hay conflicto dentro de mí
Con todo lo que deseo ser
Y tanto que quiero ver
Pero hay tanto que no puede ser
Hay dos lados que me hacen ser yo
Y ambos lados no me dejan ser
En guerra constantemente
Me desgarro internamente
¿Cómo puedo encontrar la victoria
cuando los árboles no pueden ver el bosque?
Un general sin ejército que liderar
Un vocalista sin canción que cantar
Un visionario con sueños destrozados
Un músico con cuerdas rotas
Tratando de entender todo lo que está fuera de alcance
Queriendo entender lo que nadie puede enseñar
Esforzándose por compartir sin tener palabras que decir
  Y la respuesta que busco...
...Después de todo, ¿quién soy en realidad?

Dentro de cada hombre, mujer y niño reside un deseo innato de tener importancia y un propósito. Sin embargo, no podía ver el propósito en mi vida. Me sentía como si estuviera conectado de manera diferente, que no me relacionaba (miraba, actuaba o pensaba) como aquellos que estaban haciendo lo que yo creía que estaba destinado a hacer y en muchos sentidos me sentía muy solo.

Mi Historia

La segunda vez que experimenté decepción, todavía estaba en el ministerio y era sargento detective, miembro del equipo SWAT. Un día arresté a un par de jóvenes (de 17 y 18 años) que habían escapado de una casa de rehabilitación la noche anterior y habían robado artículos de varios coches y garajes del vecindario y sus alrededores. Fueron honestos conmigo y acordaron ayudarme a devolver la propiedad robada a sus dueños; yo a su vez acordé hablar con el juez para pedir clemencia en su castigo. Sin embargo, mientras regresábamos la propiedad robada, conspiraron para matarme.

Para resumir un poco, me atacaron, me golpearon en la cara con un enganche de remolque, y luego me arrojaron de mi vehículo a unas cuarenta y cinco millas por hora. Mi nariz se rompió, perdí algunos dientes, mi labio casi se dividió en dos y cuando mi cabeza golpeó el asfalto, ambos oídos internos se rompieron. Pasé el año siguiente con terapia física y medicamentos para el Trastorno por Estrés Postraumático que suprimen la emoción y la ansiedad. Luego al final de ese año, debido a las lesiones del oído interno y a la preocupación que los médicos aún tenían, me quedé sin trabajo, sin pensión o compensación alguna.

En 2008, la economía de los EE.UU. se hundió y no podía conseguir trabajo. Fue una temporada brutal para un hombre que había trabajado por tiempo completo desde los 14 años. No podía proveer para mi familia, mi esposa trabajaba de diez a doce horas al día para apoyarnos, no tenía ni idea de cómo cuidar a mi hijo recién nacido, estaba deprimido, me sentía solo, y, en muchos casos, abandonado. Yo, el sujeto extrovertido, me convertí en recluso, casi escondido de la gente. Perdí la risa y la esperanza. Me sentía fracasado y arrastraba conmigo a todos los presentes en mi vida.

Dios Aún Es Fiel

Mark Twain decía: "Los dos días más importantes de tu vida

son el día en que naciste y el día en que descubres el por qué." Unos cuantos años después de mi recuperación, le dije a Dios: "¿No crees que he estado en esta etapa de mi vida por mucho tiempo?" No esperaba una respuesta, pero llegó tan clara como el día: "Aaron, tenías mucho que olvidar".

Es increíble la gran esperanza que me dio ese pequeño momento de claridad. La revelación de que Dios usaba todo aquello con lo que el diablo pretendía destruirme, para mejorarme, enseñarme y avanzar; me dio mucha esperanza. Fue a partir de ese momento en adelante que empecé a comprender de manera más clara quién es Dios realmente, cómo se siente acerca de mí, y quién soy en Él como Su hijo.

Porque tú formaste mis partes más íntimas;
Me uniste [junto] al vientre de mi madre.
Te daré gracias y te alabaré, porque estoy hecho
maravillosamente;
Maravillosas son tus obras,
Y mi alma lo sabe muy bien.
(Salmo 139:13-14 AMP)

Comencé a ver cómo tener una personalidad y un cableado diferentes, era algo destinado. Comencé a verme a mí mismo y mi valor a través de los ojos de Dios. Me di cuenta que no hay guerreros sin cicatrices y que los líderes que valen la pena seguir, a menudo caminan cojeando. Mis experiencias y cicatrices de batalla no me descalificaron del liderazgo; por el contrario, me posicionaron para un liderazgo más efectivo.

Porque los regalos y el llamamiento de Dios son irrevocables,
nunca da vuelta atrás en sus promesas.
(Romanos 11:29 TLB)

Aquel que comenzó una buena obra en mí, fue fiel para llevarla a un lugar de culminación. ¡Él no se contentó con permitir que la tragedia fuera la última palabra en mi vida y en cambio usó la tragedia para posicionarme hacia el triunfo!

Me di cuenta de que soy digno, estoy equipado y tengo una misión. Esta comprensión trajo a mí un nuevo propósito para ir y seguir con los sueños que había perdido en la dura temporada anterior. Aunque **ésta** llegó de inmediato, aprender a aceptarla y a implementarla, tardó mucho tiempo. De muchas maneras, sigo aprendiendo a diario quién estoy destinado a ser, mientras Dios construye a partir del progreso de ayer, las promesas del mañana. Llegué a entender que Dios puede tomar eso que estaba destinado a sacarme del juego y usarlo como un catalizador para poder llegar al siguiente nivel. Y Él puede hacer eso por ti también.

Los dos días más importantes de tu vida son el día en que naciste y el día en que descubres el por qué. ¿Estás listo para encontrar tu por qué?

Capítulo 9

Cómo piensa un hombre...

La Biblia dice en Proverbios 23:7, "Como piensa [un hombre] dentro de sí, así es él" (nkjv). Esta es una frase bastante poderosa que he escuchado muchas veces y en multitud de formas. Cómo una persona visualiza su situación influye en cómo persiguen sus resultados.

Creo que este es también uno de los aspectos más significativos que se experimentan cuando se permanece atado al pecado y no se llega a un lugar de libertad verdadera. La Biblia dice: "Si el Hijo te hace libre, de verdad serás libres" (Juan 8:36). Sin embargo, puedo decir con toda seguridad que, incluso como pastor, nunca experimenté nada parecido a la libertad. Sentía que daba un paso adelante y luego daba dos pasos atrás.

Al menos yo me sentía como parte de la multitud en las gradas animando al equipo y gritando "vamos a ganar", junto con las porristas, con un marcador adverso de 97 a 0 y con sólo unos pocos minutos de juego. Por supuesto, se sentía bien decir lo que todo el mundo quería creer, pero no me creía capaz de ganar (a menos que el triunfo se definiera como ser capaz de alejarse en lugar de arrastrarse luego de otra derrota).

Mientras crecía, escuchaba con frecuencia que yo era un pecador salvado por la gracia. Por supuesto esto venía empaquetado de manera que yo entendía que Dios cubrió el pecado, pero lo procesaba como una etiqueta que me definía.

Imagínate si tuvieras un padre o maestro que todos los domingos te dijera: "Eres estúpido y siempre serás estúpido, pero tu padre es quien es, y él te ayudará a lograrlo todo en la vida". Así procesaba el pecado y la gracia en mi cabeza. Debido a esta definición de pecador (aunque sabía que iría al cielo por la gracia de Dios), sentía que siempre iba a ser un pecador, lo que para mí significaba que siempre iba a ser definido por el pecado e iba a estar ligado a él para siempre. Como resultado, asocié mi valor con la sensación de que yo era el hijo tolerado, pero no el querido. Esta etiqueta me hizo sentir sucio y sin esperanza de superar el pecado.

No me malinterpretes: estaba agradecido de tener un padre que me ayudaría a tener todo sin esperar nada a cambio. Pero en mi mente seguía siendo indigno y creía que mi padre tenía esa misma percepción. Para mí, perdí la batalla antes de comenzarla. ¿Por qué aspirar a ser más si creía que no era posible?

Renovar tu mente

Hace unos años comencé a hacer comparaciones entre lo que dice la Biblia acerca de la gracia y el amor que Dios siente hacia mí y lo que me habían enseñado al respecto; y descubrí algo muy interesante: todo lo que me habían enseñado como verdadero, no siempre era lo que la Biblia enseña.

Empecé a investigar quién escribió lo que allí estaba plasmado, a quién se lo escribió, por qué lo escribió y si había algo escrito que con el tiempo hubiera cambiado socialmente y que tal vez su interpretación actual pudiera haber cambiado su significado. Y me sorprendió lo que encontré.

Lo que descubrí fue que, aunque yo era un pecador y estaba atado al pecado antes de entrar en una relación con Dios por medio de Cristo, cuando entré en ese pacto con Dios, ¡todo cambió!

Leí en Efesios 2 que, antes del poder de Dios en mi vida, el pecado era mi amo y yo estaba espiritualmente muerto, pero una metamorfosis tuvo lugar en mi vida y mi naturaleza pecaminosa fue borrada. Leí en Colosenses 2 que, aunque estaba muerto, fui hecho vivo en Cristo. Leí en Romanos 3, 5, 8 y 10 que cuando estaba en pecado, Jesús murió por mí y compró mi libertad. Leí en Gálatas 1 que Jesús me rescató de la esclavitud del pecado. Leí en Romanos 3 y 2 Corintios 5 que fui hecho justo por Cristo. Y el aprendizaje siguió y sigue con el pasar del tiempo.

No copies el comportamiento y las costumbres de este mundo

y deja que Dios te transforme en una nueva persona cambiando tu manera de pensar. Entonces aprenderás a conocer la voluntad de Dios para ti,
Que es buena, agradable y perfecta.
(Romanos 12:2 NLT)

Es asombroso que, según Romanos 12:2, "la manera de pensar" tiene la capacidad de transformarme en una nueva persona, y así podré comprender la perfecta voluntad de Dios para mi vida.

Lo que es más liberador y transformador (una vez que mi mente cambió y pude verme de la misma manera que Dios me ve) fue descubrir que mi etiqueta no es "Pecador salvado por la gracia" (que para mí significa tolerado por Dios). Al contrario, yo era pecador antes que Cristo revolucionara mi vida, pero ahora he sido transformado por la gracia de Dios. Mi etiqueta y existencia ahora es justicia.

Yo soy, a los ojos de Dios, limpio y justo con Él. No soy el chico estúpido cuyo padre se esconde y excusa porque lo hago todo mal. Por el contrario, debido a que soy Su hijo, he recibido un milagro transformador. Como cuando una oruga se transforma en mariposa, he sido completamente rediseñado para ser definido por un nuevo nivel de belleza y existencia.

No estoy obligado a caminar en una existencia miserable... ¡ya no más! Me han dado alas de gracia y justicia para volar por encima de lo que solían ser las limitaciones de una existencia terrestre. Esa roca, cerca, árbol o montaña de pecado que solía ser insuperable e imposible de subir o caminar, ahora se ha convertido en algo más que observar durante el vuelo con mis nuevas alas.

¿Sabías que no tienes que estar atado al pecado y que puedes vivir libre de él? Puedes hacerlo si llegas a comprender quién eres y a qué tienes derecho. Primera Corintios 15:34 dice que hemos de ser justos y dejar de pecar.

Experimentar la libertad, el poder y el potencial ilimitado para el que Dios te creó, comienza cuando empiezas a creer, a nivel del corazón, en quien te has convertido y te haces consciente de lo que realmente eres, dándote la fuerza para dejar de pecar. Romanos 12:2 dice que no estás adaptado a este mundo, sino transformado por la renovación de tu mente, y en esencia, pruebas la voluntad de Dios para Su pueblo cuando aprendes a pensar de manera diferente.

En realidad, ya eres más de lo que probablemente aceptas ser. Despierta a la justicia de que estás en Cristo. El pecado no te define.

Capítulo 10

No recordaré sus pecados nunca más

Si eres como yo, tendrás una especie de lista con lo que tienes que hacer (o no) para ser un buen Cristiano y satisfacer a Dios. Muchas reglas, muchos pecados y muchas otras cosas para no sentirte indigno. Tiene todo el potencial para ser demasiado qué procesar, ¿no es así?

Hace poco oí decir a un pastor: "El pecado nos separa de Dios". No estoy seguro de que eso sea verdad para aquellos que están en Cristo y dentro del contexto en el que la mayoría puede interpretar esta afirmación. Para el que no ha entrado en el pacto con Dios ni ha sido vivificado en Cristo, puedo estar de acuerdo en que nuestro pecado crea una barrera entre donde estamos y donde Dios quiere que estemos. Pero cuando Jesús dijo: "Se ha consumado" en la cruz (Juan 19:30), cubrió cada uno de nuestros pecados pasados y cada pecado por cometer.

Para aquellos que están en Cristo, el pecado ya no nos separa porque ya no somos pecadores. ¡Jesús fue el sacrificio perfecto y ya no tenemos que ganarnos el lugar ni ofrecer ningún sacrificio adicional! Recuerda que las escrituras dicen: "¡Despertad a vuestra justicia!" (1 Corintios 15:34) O, en otras palabras, *véanse a ustedes mismos como son*.

Un fracaso en nuestro fin no perturba los términos de nuestro pacto. El fracaso del hombre al ser capaz de sostener el fin de su pacto con Dios, fue la razón por la cual todos los pactos en el Antiguo Testamento, hechos entre Dios y el hombre, eran imperfectos.

En su propio poder y atado al pecado, el hombre no pudo

ser lo suficientemente bueno o fiel para mantener los términos. Por lo tanto, Dios sacó al hombre y al pecado del escenario. Su Hijo perfecto y sin pecado se convirtió en el máximo sacrificio y estableció un pacto perfecto que fue inmaculado por la influencia del pecado.

La gracia es la verdad

El libro de Hebreos describe en detalle la increíble profundidad de este nuevo pacto establecido en Cristo, entre Dios y el hombre. Y en Hebreos 10:17, Dios dice: "No recordaré nunca más sus pecados e iniquidades."

Me encantan las palabras "no recordaré" en este verso. ¿Alguna vez has analizado su significado? En otras palabras, Dios está diciendo en Hebreos 10, "Por el sacrificio de Mi Hijo y el nuevo pacto perfecto que he establecido con el hombre, someto Mi voluntad para no recordar sus pecados nunca más «, o "aunque lo solía hacer, ya no es mi voluntad recordar o tener en cuenta sus pecados ".

¡Es muy poderoso!

Sí, alguna vez estuvimos muertos y perdidos en el pecado, pero desde que fuimos vivificados en Cristo, Dios no recuerda nuestros pecados ni los usa en nuestra contra.

En el Antiguo Testamento (antiguo pacto), la Ley (los Diez Mandamientos y los 613 preceptos derivados de ellos) se nos muestra todo lo necesario para complacer a Dios, y, sinceramente, parece imposible de lograr. En última instancia, sólo nos muestra cuan incompetentes podemos ser cuando tratamos de ser correctos ante los ojos de Dios.

En la alianza nueva, Dios dijo: "Vamos a acabar con el pecado de una vez por todas, restaurar el lugar de autoridad que creé para el hombre, reconciliar la relación que fue creada para que tuviera conmigo y otorgarle un campo de juego donde el pecado no sea un factor de control absoluto. Y para quitar poder al pecado, no voy a utilizarlo en su contra o permitir que cree una brecha entre nosotros, una vez que está en alianza conmigo."

Asombroso, ¿no?

En Juan 1:17, la Biblia dice que la ley llegó a través de Moisés, pero la gracia y la verdad llegaron a través de Jesús. Al ir al texto original, la gracia y la verdad se presentan de tal manera que literalmente son sinónimos. En otras palabras, ¡la gracia es verdad y la verdad es gracia!

Hace varios años, mi amigo Tony Sutherland escribió un libro titulado Grace Works y me pidió que lo revisara antes de publicarlo. Como pastor, pensé que entendía el tema de la gracia y tenía la intención de ofrecer algunas críticas constructivas sobre cómo podría mejorar lo que él ya había escrito. No tenía ni idea de que mi vida (y teología) estaba a punto de cambiar, en relación con la gracia y el amor que Dios siente hacia mí, de una manera que nunca me habían enseñado, ni siquiera considerado. Todas las objeciones que me planteé mientras leía, fueron refutadas al leer otras escrituras que presentaban el caso de la gracia de una manera que, al final, no podía discutir. Me había equivocado toda mi vida acerca de cómo Dios se siente sobre mí.

Cuando comprendí la manera en la que Dios se siente acerca de mí, que mis pecados están relegados a un lugar donde Dios no los toma en cuenta y que Su gracia es un regalo que yo no sólo no tengo que ganar, sino que no puedo ganar; sólo en ese momento y después de más de treinta años de luchar y perder la lucha contra el pecado, el pecado perdió el poder de controlarme.

¡Así conocí y entendí realmente la verdad de la gracia de Dios!

Fue durante el descubrimiento de la verdad acerca de Dios, quién soy yo, cómo Él se siente acerca de mí, qué hizo por mí y cómo el pecado ya no me condena; que experimenté la revolución de la libertad.

¡Porque conoceréis la verdad y la verdad os hará libres!

La gracia es la verdad y la verdad es la gracia.

¿Eso significa que no he pecado desde entonces? ¡No! Pero antes, cuando aún controlaba la manera en la que me acercaba a Dios, se sentía como un gran peso debido a la conciencia del pecado. Ahora se siente de manera completamente distinta.

Estoy convencido de que aquellos cristianos que creen genuinamente que Dios los ama y entienden la verdadera profundidad del amor y la gracia de Dios hacia ellos, no son controlados por el pecado. Este conocimiento no nos da libertad para pecar (como muchos asumen), sino que fortalece para no hacerlo.

> *Dios te salvó por su gracia desde el momento que creíste.*
> *Y no puedes tomar crédito por eso; es un regalo de Dios.*
> *La salvación no es una recompensa por las cosas buenas que hemos hecho,*
> *así que ninguno de nosotros puede jactarse sobre ella.*
> *Porque somos la obra maestra de Dios.*
> **Él nos ha creado de nuevo en Cristo Jesús,**
> *así que podemos hacer las cosas buenas que planeó para nosotros hace mucho tiempo.*
> (Efesios 2:8-10 NLT)

Cuando despertamos a la justicia por la gracia de Dios, tenemos el poder de no pecar, como dice la Escritura. Algo espiritual hace clic en nuestra mente y nuestra creencia nos capacita para ser lo que Dios ha querido que seamos desde el principio.

Cuando nuestra relación con Dios y Su amor hacia nosotros nos hace seguir las reglas, ya no se trata de las buenas nuevas de la gracia de Dios a través de Jesús, sino más bien de ganar lo que Él nos ha dado como regalo. ¡Gracias a Dios que, por Su gracia, nos ha sido dada la capacidad de hacer y ser quien Él siempre quiso que fuéramos, libres de pecado y fortalecidos por Él!

Capítulo 11

Sin condena

Recientemente vi un video de un perro bulldog que se había comido el brazo de un sofá entero, mientras que el dueño estaba fuera de casa. El perro no se movía del hoyo en el sofá, para cubrirlo con su cuerpo. El dueño le pedía al perro que se moviera y dejara ver lo que había hecho, pero el perro, con una mirada de vergüenza en su cara, se rehusaba a moverse y continuaba bloqueando y escondiendo su pecado de su amo.

Me pareció muy divertido, pero paralelo a cómo hacemos lo mismo cuando pecamos. Llenos de culpa esperamos que, si fingimos u ocultamos nuestros pecados, quizás no se noten.

En este video el dueño del perro grabó la acción del animal con una cámara de vídeo y, aunque el perro estaba emocionalmente involucrado en el contexto de la situación, el dueño le pedía una y otra vez que le mostrara lo que escondía. Él no estaba molesto por lo que el perro había hecho; sólo quería que el perro fuese honesto al respecto.

> *Si confesamos nuestros pecados, Él es fiel y justo y nos perdonará nuestros pecados y nos purificará de toda injusticia.*
> (1 Juan 1:9)

Dios conoce el momento en que eliges pecar. Tal como el perro en el vídeo, no estás escondiendo el pecado de Dios; sólo estás nervioso ante la condena de algo a lo que Dios te ha pedido que te sobrepongas, en lugar de pretender engañarle con tu intento de esconderlo. Cuando confiesas tu pecado, Dios no se sorprende por tu confesión. Cuando la Biblia nos dice que confesemos nuestro pecado a Dios, no es con el propósito de informarle lo que Él ya sabe.

> *Por tanto, ahora no hay condena para los que están en Cristo Jesús.*
> (Romanos 8:1 KJV)

Aunque la Biblia dice que, nosotros como creyentes, no sufrimos de la condena de Dios, he oído a muchos líderes de la iglesia predicar un evangelio bastante contradictorio (al menos en mi experiencia).

Entonces, ¿qué es la condena? Aquí está la definición, según Google:

> *condena*
> *sustantivo*
> *1. Pena impuesta por un juez o un tribunal.*
> *"cumple condena por homicidio; fue liberado tras cumplir la mitad de su condena"*
> *sinónimos:*
> censura, crítica, restricciones, denuncia, difamación
> *2. Desaprobación de una conducta, una acción o una doctrina que se considera inmoral o censurable.*

Cuando busqué la definición de condena, me pareció interesante cómo cuántas veces en mi vida he creído que iba a experimentar algún tipo de condena por parte de Dios, incluso cuando Su Palabra dice que no es así.

Dios no tiene ningún problema para separarnos del pecado por la obra que terminó Cristo en la cruz, pero por alguna razón, parece que nosotros sí lo hacemos. Es difícil aceptar que Dios nos ama y que no utiliza al pecado en contra de sus hijos. Pero es esencial para nuestro progreso y si estamos dispuestos a experimentar la revolución de la libertad que Cristo consiguió para nosotros, que lleguemos a un lugar de entendimiento y estemos de acuerdo con

Dios con respecto a Su amor por nosotros.

Porque de tal manera amó Dios al mundo, que dio a su único Hijo, para que todo aquel que cree en El, no se pierda, más tenga vida eterna. Porque Dios no envió a su Hijo al mundo para juzgar al mundo, sino para que el mundo sea salvo por El.
(Juan 3:16-17)

¿Es un regalo o no?

Como ya dijimos en el capítulo anterior, lo que Cristo adquirió para nosotros fue un regalo de Dios, según Efesios 2:8, no algo destinado a traer culpa, condena o separación. Dios no quiere que nadie quede fuera; alienar o condenar a nadie. Por el contrario, a través del regalo de Su gracia, Él ha proveído un camino en el que nadie será excluido por sus fallas o defectos.

Qué extraño sería llevar un regalo a una fiesta de cumpleaños, entregarlo y luego sacar el recibo del bolsillo, y decir: "Me lo puedes pagar más tarde". Sin embargo, esto es lo que hacemos cuando actuamos como si el regalo de Dios viniera con condiciones incluidas.

Dios dice que la gracia es un regalo que no podemos pagar, así que ¿por qué insistimos en clasificarlo como algo que pagamos o nos ganamos? Hacerlo de esta manera, es insultar a aquel que nos da el regalo, al tratarlo como si nos exigiera algún pago a cambio de darnos Su amor.

Recuerda, cuando la Biblia dice en Romanos 8:39 que nada puede separarnos del amor de Dios, la palabra nada significa sencillamente "nada".

¡No puedes ganarte el amor de Dios de igual manera que el pecado tampoco puede separarte de Él! Su gracia no está a la venta para aquellos que siguen las reglas de mejor manera que tú. Nadie está excluido de Su amor por lo que haya hecho en el pasado. Dios te ama, te acepta y te perdona tanto como a cualquier otra persona.

El amor y la gracia de Dios son buenas nuevas por las que puedes sentirte emocionado. Independientemente de lo que te hayan dicho, eres aceptado, no condenado.

Tengo un pastor amigo, muy querido, que hace muchos años

fue traficante internacional de drogas. Fue arrestado y, debido a las acusaciones presentadas contra él, era muy probable que fuera a la cárcel por un largo tiempo. En un acontecimiento milagroso (que como ex oficial de la ley todavía no entiendo completamente), las acusaciones contra él fueron desechadas y sus registros fueron limpiados. ¡Una locura! Por lo tanto, todavía debería estar en prisión, pero de alguna manera la gracia se extendió más allá de si lo merecía o si lo había ganado. La gracia que se extendió hacia él fue instrumental en su vida, ocasionando una transformación, en el pastoreo y la ayuda hacia otros.

Ya no vende drogas hoy en día porque, en la cara del castigo, la gracia otorgada, cambió la manera en la que piensa acerca de ese estilo de vida. El aprecia la libertad que la gracia le dio. Despertó por la gracia de la justicia y, como resultado, ese estilo de vida pecador no tiene control sobre él actualmente.

A la luz del despertar de la gracia de Dios en tu vida, ¿cómo puede ese conocimiento cambiar la manera en que respondes a Dios y las decisiones que tomas para tu propia vida? Las opciones están influenciadas por los sistemas de creencias, razón por la cual la posibilidad de conseguir más, influencia tu capacidad de experimentar más.

Cuando la Biblia dice que ahora no hay condena para los que están en Cristo Jesús, no hay espacio de maniobra para creer algo diferente.

No es absoluto...

Capítulo 12

Espíritu, cuerpo y alma

Debido a que la mayoría de la información que sentimos y percibimos viene de la interpretación de los sentidos físicos, es muy fácil hacerse consciente del carácter físico y el costo del reconocimiento espiritual.

Sin embargo, desde un punto de vista bíblico, Dios existe y opera en un plano que entendemos como *espiritual,* (o *plano del espíritu),* el cual creó todo lo que tiene *carácter físico.* Aun cuando nuestra conciencia puede ser mucho más limitada, creo que es importante preguntarse, "¿Qué es más real, la creación o el Creador?"

Sólo porque no podemos ver ese plano con nuestros ojos físicos, no significa que sea menos *real.* Ciertamente, puede ser que el plano espiritual sea *más* físico que nuestro plano (o una extensión mucho más compleja de este). He notado que parece difícil procesar esta información, basado en lo que se nos ha enseñado acerca del cielo, Dios y el espíritu, pero trata de seguirme el rastro por un momento.

En física cuántica, los científicos han calculado que hay al menos once dimensiones en nuestro entendimiento actual de la realidad física, aunque humanamente solo conocemos cuatro (longitud, ancho, altura y tiempo, también conocido como continuo espacio-tiempo).

En algunas pruebas que los científicos han realizado con aceleradores de partículas (una máquina que acelera las partículas de materia más pequeñas a velocidades cercanas a la de la luz, para colisionar con otras partículas y poder observar y estudiar sus efectos), algunos fragmentos que ya han colisionado desaparecen de las cuatro dimensiones detectables y han reaparecido en otros lugares.

¿Adónde se han ido estas partículas? Se presume que estas desaparecen y van a estas dimensiones que no somos capaces de observar. En teoría, no sería descabellado decir que Dios existe perfectamente en estas dimensiones adicionales (técnicamente físicas), aunque nuestra percepción de ellas es limitada.

¿Espíritu o alma?

Cada uno de nosotros ha sido creado a la imagen y semejanza de Dios y tiene un *espíritu* eterno. Ese espíritu reside dentro de nuestros cuerpos físicos, que es controlado por nuestras *almas* (la mente que se comunica con el cuerpo a través de la supercomputadora que Dios creó para cada persona en la tierra, también conocido como cerebro). He escuchado a la neurocientífica, Dra. Caroline Leaf, describirlo de la siguiente manera (y lo parafrasearé al estilo seglar): Si el cerebro es la computadora física, el alma es el software.[2]

La gente comúnmente confunde los términos *espíritu* y *alma* asumiendo que son lo mismo, pero la verdad es que no lo son. Tu alma consiste de mente, tu voluntad y tus emociones. Tu alma se comunica con tu cuerpo físico, pero también interpreta lo que el espíritu percibe cuando Dios se comunica contigo. Tu alma es la conexión que Dios creó para vincular la brecha dimensional entre el entendimiento físico y el plano espiritual (sin importar cómo se pueda definir el plano espiritual en un futuro). Debido a que tiene el potencial de discernir e interpretar tanto la información física como la espiritual, muchas veces vemos que nuestras almas se desgarran y entran en conflicto debido a lo que desea nuestro hombre físico y nuestro hombre espiritual.

Cuando entramos en el pacto con Dios a través de la

---

2   Para un estudio más profundo sobre el fascinante tema del espíritu, el alma y el cuerpo, echa un vistazo a http://drleaf.com/broadcast/.

salvación, nuestros espíritus (no nuestros cuerpos). experimentan una metamorfosis y una transformación radical. Nuestros cuerpos harán lo propio con lo que lleguemos a creer. Aunque nuestro nuevo pacto con Dios da acceso a nuestras almas a experimentar e interpretar la mente y los deseos de Dios (de acuerdo a 1 Corintios 2:16), no significa que haremos esto automáticamente por defecto.

Sólo porque el acceso a la verdad esté disponible no significa que perseguiremos la verdad y mucho menos creerla. Y ya hemos discutido en detalle cómo lo que creemos influye en nuestras acciones.

Debido a que hemos pasado toda la vida interpretando información principalmente a través de nuestros medios físicos, a menudo hay una especie de curva de aprendizaje e intencionalidad necesaria en el aprendizaje de la distinción, más allá de nuestros limitados sentidos físicos. Y algunas veces la información conflictiva entre la verdad que interpretamos con nuestros sentidos físicos contra la que interpretamos con nuestro espíritu, dejará a nuestra alma con la responsabilidad de decidir qué creer.

Un ejemplo muy claro de esto es que, aunque estamos salvados, Dios nos ama y Su gracia cubre perfectamente todos nuestros pecados; no siempre me siento salvado y no siempre debe ocurrir un evento extraordinario que impacte a ese sentimiento. Podría caminar por mi habitación a oscuras a las 3 de la mañana, golpear el dedo meñique contra el borde de mi cama y no sentirme salvado o santificado. En ese momento, el pastor en mí desaparece y la mezcla de dolor y furia desata una verborrea, nada santa, que no me hace sentir salvado en absoluto. Si me preguntas cuán salvado me siento justo en ese momento, quizás recibas una respuesta que te hará dudar de mi salvación.

Creo que la palabra de Dios y mi revelación, mi hombre espiritual, da testimonio de la verdad de que estoy vivificado en Cristo, aunque a veces mis emociones y lógica no se alinean con lo que el espíritu reconoce como verdadero. Mi alma se queda con la decisión de extender las creencias y la fe entre lo que mis emociones sienten y lo que mi espíritu conoce.

Aquellos que tienen como habito confiar principalmente en sus emociones para transitar por su vida (especialmente su vida espiritual), tendrán una experiencia tan volátil y voluble como sus emociones. Y todo aquel que ha estado en una relación con otro ser humano, sabe que las emociones pueden cambiar tan rápido como cambia el clima. Esta es la razón por la que es esencial determinar cuál es la verdad, para luego decidir reposar sobre esa verdad, sin importar lo que nuestras emociones traten de decirnos.

En este punto, cuando nuestra mente, voluntad y emociones dicen, *hombre, esta vez lo hemos arruinado* o *creo que esta vez me he salido del plano en el que Dios me puede amar,* o *no soy digno de experimentar lo que la Palabra de Dios dice que es mío;* nuestra determinación para reposar sobre la verdad de la Palabra de Dios, supera la realidad de nuestro estado emocional actual o percepción física temporal de la verdad y decimos, ¡No! **Dios dice que soy de Él. Soy amado, aceptado y cubierto.**

En ese momento, determinamos lo que es la verdad, extendemos la fe sobre esa verdad y reposamos sobre esa verdad a pesar de las circunstancias. "Entonces conoceréis la verdad, y la verdad os hará libres "(Juan 8:32).

Capítulo 13

La provisión de Dios y los precios del pecado

Cuando piensas en esto, honestamente, ¿conoces a alguien que haya experimentado la plenitud que la Palabra de Dios ha dicho que es posible y que Jesús ejemplificó? Probablemente no.

La Biblia dice que eres la justicia de Dios en Cristo Jesús (Romanos 3:22), que eres heredero conjunto con Cristo (todo lo que estuvo disponible para y en Cristo está disponible para ti) (Romanos 8:17), que fuisteis creados a la imagen y semejanza de Dios (Génesis 1:27), que sois **más que vencedores (Romanos 8:31-39)**, que nada os separará del amor de Dios (Romanos 8:35), que Dios no usa tus pecados en tu contra (2 Corintios 5:19, Hebreos 8:12), que Jesús vino para darte vida a plenitud (Juan 10:10), pero también dice que el precio del pecado es la muerte (Romanos 6:23).

Por lo tanto, emerge una pregunta natural: ¿en qué debemos creer?

Cualquier persona que haya sido cristiana por más de una semana, probablemente se haya preguntas difíciles como esta. Y está bien hacerse preguntas. Dios sabe manejar estas dudas. Él no se siente ofendido por tu falta de entendimiento, ni se siente amenazado por lo que Sus hijos le preguntan para tratar de entender lo que carece de sentido para ellos. De hecho, hubo un tiempo en la Biblia en el que Jesús preguntó a un hombre si creía, a lo que el hombre respondió "Yo creo; ayúdame a vencer mi incredulidad "(Marcos 9:24). Está bien ser correcto ante Dios. Él te ve donde estés y, si estás buscando respuestas, te ayudará a encontrarlas.

Cómo el Jardín del Edén impactó nuestra realidad

Creo que el comienzo de la claridad para algunas de estas preguntas comienza con la definición de lo que se perdió en el Jardín del Edén cuando el hombre pecó y lo que Cristo restauró en la alianza nueva.

El hombre caminaba con Dios antes de pecar en el Jardín del Edén, tenía una relación íntima y personal con Él y era capaz de acercarse directamente a Dios para recibir instrucciones, sabiduría y guía. No había nada que separara a Adán y a Eva de Dios y eran completamente honestos (eran correctos ante Dios).

Cuando Dios creó al hombre, Él le dio autoridad completa sobre la tierra y tenía la intención de enseñarle personalmente cómo gobernar, al implementar los principios de Dios en la tierra.

Cuando Adán pecó, se introdujo en un reino opuesto de pecado que era directamente opuesto al reino de Dios y Su manera de hacer las cosas. Cuando el reino de Dios trajo vida y paz, el reino del pecado trajo muerte y destrucción.

Además del establecimiento del reino del pecado en la tierra, el pecado también creó una barrera y separó al hombre de Dios. Adán y Eva escogieron ser sus propios reyes cuando decidieron no aprender directamente de Dios. Ellos decidieron que no confiaban plenamente en Él, justo en el momento en el que creyeron las mentiras del diablo y asumieron que Dios les escondía algo y, por lo tanto, decidieron hacer las cosas a su manera.

Leímos en el capítulo anterior que sin fe (creencias) es imposible complacer y llegar a un acuerdo total con Dios. Y Adán en el jardín (a través de su descarada desobediencia) le mostró a Dios que no tenía fe y no confiaba plenamente en Él.

Cuando crees la mentira, le das poder al mentiroso. Y Satanás, al engañar al hombre y llevarlo al camino del pecado, recibió autoridad en la tierra.

La Biblia dice en Romanos 6:23 que el precio del pecado es la muerte. Cuando el pecado entró en la tierra y nos separó de Dios, el precio del pecado (muerte) vino junto a él en todas sus formas.

La pérdida de autoridad debido al pecado de un hombre en el jardín fue restaurada por Jesús, quien no fue tocado por el pecado.

> *En consecuencia, así como una ofensa resultó en la condena de todas las personas, así también un acto de justicia resultó en la justificación y la vida para todas las personas. Porque, así como por la desobediencia de un solo hombre muchos fueron hechos pecadores, así también por la obediencia de un solo hombre muchos serán hechos justos.*
> (Romanos 5:18-19)

Semillas de malas hierbas

Aunque eres completamente justo ante los ojos de Dios, nada puede separarte de Su amor y el pecado no puede separarte de Él ni de recibir Su gracia, aunque el pecado (el tuyo y el de otros), aún tiene la habilidad de influir en tu realidad.

Un gran ejemplo de cómo el pecado sigue influyendo en nuestra realidad, es la analogía que encontramos en el jardín. Cuando recibes la gracia de Dios y tus pecados son perdonados, se te otorga una hoja en blanco. En esencia, el jardín de tu vida se vuelve limpio y recién cultivado, para recibir las semillas de las bendiciones que Dios tiene para ti.

El pecado también tiene su propia semilla, que cuando se siembra en el jardín de tu vida, también produce frutos en tu jardín. Muchas veces esta mala hierba, sofoca las cosas que Dios quiere para tu vida.

Esta es la razón por la cual puedes ser perdonado y amado por Dios y aun así experimentar eventos que parecieran no ser consistentes con lo que la Biblia dice ser Su voluntad o promesas para tu vida. El fruto de este pecado sigue siendo la muerte. Es verdad que la elección de pecar no nos separa de Dios, pero aun así el pecado produce frutos en nuestras vidas, y ese fruto puede llegar a lastimarnos.

Como dijimos en el capítulo anterior, muchos asumen que cuando algo malo pasa, se debe a la voluntad de Dios de manifestarse en nuestras vidas, que estamos siendo castigados, o que está tratando de hacernos sufrir. Yo pensaba de esta manera; sin embargo, mientras más veía las circunstancias a través de los cristales del amor de Dios, más estaba convencido de que, cuando ocurren cosas malas, es simplemente debido al fruto del hombre (mío o de alguien más) al usar la autoridad que Dios nos dio para escoger, en lugar de la manera de Dios de hacer las cosas. Los frutos de esas decisiones simplemente contrarrestan las bendiciones de nuestras vidas al robar, matar y destruir lo que Dios quiere y desea para su pueblo.

¿Qué escogerás?

Dios es bueno y te ama. Él no quiere que te ocurran cosas malas y no está buscando la manera de que te ocurran para que aprendas la lección. Él sabe que el pecado conoce la manera de robarte lo que Él tiene preparado para ti y, como resultado, te ha dado Su palabra, Su gracia y Su autoridad para que seas capaz de superar todo el poder del enemigo. Cada día enfrentamos batallas y decisiones. Puedes escoger las maneras de Dios (que incluye Sus provisiones) o no, pero sea cual sea tu decisión, producirá algún tipo de cosecha en el jardín de tu vida.

> *Llamo al Cielo y a la Tierra para testificar contra vosotros hoy: Coloco delante de vosotros la Vida y la Muerte, la Bendición y la Maldición. Elige la vida para que tú y tus hijos vivan. Y ama a DIOS, tu Dios, escuchándolo obedientemente, abrazándolo firmemente. Oh sí, él es la vida misma.*
> (Deuteronomio 30:19–20 MSG)

Capítulo 14

Tú eres quien Él dice que eres

Es muy fácil encontrar razones por las que no somos suficientemente buenos o dignos de merecer el amor de Dios. Todo lo que la mayoría de nosotros tiene que hacer es verse en el espejo o pasar más de un minuto creyendo las mentiras con las que nuestros enemigos nos llenan la cabeza todos los días. Esta es la razón por la cual es de vital importancia que no nos definamos a nosotros mismos por lo que vemos, sino por la verdad que la Palabra de Dios dice acerca de lo que somos.

Hay un elemento de verdad en las mentiras que el enemigo trata de vendernos. La verdad es que cometemos errores y que el pecado nos ha separado de Dios, pero la gracia lo ha cambiado todo. Recientemente escuché a alguien decir "La gracia no es una cosa, es una persona... Y esa persona es Jesús".

Una vez que entramos en una relación con Dios, nuestros espíritus se hacen vivos en Cristo, nuestros pecados son cubiertos por la gracia de Dios a través del sacrificio de su hijo, Jesús, y nos volvemos completamente nuevos. No seguimos siendo definidos por las etiquetas que recibimos cuando estuvimos perdidos, atados a nuestros pecados y separados de Dios. El viejo tú desaparece y todo lo que te definía, es eliminado.

Eres quién Dios dice que eres

"Entonces ¿quién soy?" La respuesta es simple: eres quien Dios dice que eres. Tenemos aceptación y estamos completamente justificados ante los ojos de Dios. Eres más que un conquistador y no te define otra cosa que no sea Jesús (especialmente tus pecados pasados o presentes). Eres creado a la imagen y semejanza de Dios, quien te ha dado autoridad en la tierra y eres comisionado para usar la autoridad entregada por Él, para que te conviertas en lo que Él pretende que seas. Tienes una relación personal con un Dios amoroso y nada ni nadie te puede separar de Él. Lo que has hecho ha sido perdonado y olvidado y eres una creación completamente nueva. No estás condenado. No necesitas tener miedo al juicio o preocuparte por si eres aceptado por Dios o no, porque en realidad Él te acepta completamente. No eres deficiente en ningún sentido, porque cada área donde puedes haber fracasado, será renovada y hecha perfecta por la gracia y el amor de Dios.

¿No es extraño lo mucho que queremos complacer a Dios, pero con frecuencia nos quedamos cortos en nuestra propia intención y luego nos castigamos incesantemente? Esto es debido a que no hemos querido acoger la gracia al punto de nuestra creencia. Es como si quisiéramos creer que Dios es bondadoso y que nos ama a todos por igual, pero por dentro aún pensamos que nos hemos ganado ese amor. Por lo tanto, déjame compartir una perspectiva que hizo volar mi imaginación cuando la escuché por primera vez.

> Jesús no se convirtió en pecado al *hacer* pecado,
> y tú no te convertiste en justo por *hacer* justicia.

Jesús no tenía pecado y aun así pecó por nosotros, recibiendo y asumiendo nuestros pecados. De la misma manera, nosotros, los injustos, nos convertimos en justos, no por ser justos, sino por recibir y asumir Su justicia. Jesús pagó por lo que eras, cuando tú no podías pagar por ello, para que pudieras convertirte en lo que Él era cuando tú no podías serlo.

Estoy convencido de que las personas que tienen conciencia de pecado lo hacen porque desean agradar a Dios genuinamente. La gente que acepta la gracia de Dios, la *verdadera* gracia de Dios, no busca una manera de justificar el pecado para seguir pecando (como muchos asumen de manera errónea). Al contrario, ellos han llegado a la conclusión de que no están definidos por su pecado y son amados a pesar de ellos. Esta libertad, de acuerdo a su entendimiento, cambia su percepción acerca de quién es Dios, quiénes son ellos para Dios y, finalmente, crea un ambiente donde pueden crecer sin que la culpa les haga sentir indignos.

Vete a ti mismo como Dios te ve a ti

El miedo, la condena, la culpa y el odio por uno mismo crean una mentalidad donde la conciencia del pecado es tu única realidad, Si la percepción determina la recepción, estas mentalidades hacen que sea difícil recibir nada de Dios, debido a que muy adentro sientes que no lo mereces. Y, posteriormente, puedes continuar fuera del camino que Dios preparó para ti, porque en tu propia mente, no eres justo ante los ojos de Dios, por lo tanto, tus acciones siguen tus creencias, mientras te comportas como si fueras menos de lo que Dios dice que eres.

Aquellos que saben que son amados por Dios, se ven a sí mismos perdonados y creen en lo que dice la Palabra de Dios acerca de quiénes son. Saben que son llamados de acuerdo a Su propósito y no son definidos por lo que hacen sino por lo que es Cristo.

Ellos actúan con la confianza de un niño que se siente amado, a pesar de los errores que pueda cometer. No buscan justificar el pecado, simplemente entienden que el pecado no les define y actúan en consecuencia. Debido a que sus acciones siguen lo que creen, no tienen que contar a nadie acerca de sus creencias; sus acciones lo muestran. Y la Biblia dice que aquellos que conocen a su Dios verdadero, son fuertes y hacen cosas grandes (Daniel 11:32).

Es tan importante que descubras quién eres de acuerdo con la Palabra de Dios y luego adoptes esa imagen. La Biblia dice "Cómo piensa [un hombre] dentro de sí, así es él" (Proverbios 23:7 nasb).

¿No sería una pena tener un millón de dólares en el banco y morir de hambre por el hecho de no saber que estaban allí disponibles para ti? Sin embargo, esto es lo que muchos hacen cuando no se convierten en lo que Dios pretende que sean, debido a que creen la mentira y no acogen lo que son en Cristo.

Eres quien Dios dice que eres. Ahora, si lo crees o no, determinará si te conviertes en ello.

Entonces, ¿dónde estás respecto a esto y qué piensas hacer?

Parte III

¿Dónde he estado?

"Si no has tratado directamente con barreras en tu vida, entonces es probable que estés lidiando con barreras en tu vida". He compartido esta frase en iglesias por muchos años. La verdad es que, sin importar si has sido Cristiano por una semana o por 50 años, si no has tenido intención de abordar o encarar las barreras, entonces tu pasado (donde has estado y lo que has experimentado) ha creado oportunidades para que las barreras se establezcan y crezcan.

Nuestro pasado es, probablemente, el catalizador más influyente para el establecimiento y el continuo dominio de barreras en la vida de un creyente. Estas barreras tienen raíces profundas debido a que han ido creciendo (y muchas veces alimentado) el jardín de nuestra vida, por largo tiempo.

¿Cuántas veces te has sentido bien, te salen bien las cosas, con buenas sensaciones acerca de tu relación con Dios y de pronto ¡bum!, terminas cayendo en la misma trampa en la caías cuando tenías catorce años? Es difícil que no lo vieras venir. El ataque fue idéntico al que sufriste la última vez y te sientes sin poder una vez más ante esto, incluso cuando le prometiste a Dios que no lo volverías a hacer.

Esto es evidencia de que Satanás ha sido capaz de establecer una barrera en tu vida, para construir un techo sobre tu progreso.

Por lo general, algo ocurre (o una serie de eventos) que define la forma en que procesas la vida, Dios, a ti mismo y a otras personas. El enemigo se asegura de capitalizar el dolor en estas temporadas al animarte a seguir construyendo muros de protección y mecanismos pocos saludables que se convierten en los pilares de las barreras (áreas de control que están arraigadas en la manera en la pensamos, procesamos y actuar) que evitan crecer. Luego, un movimiento a la vez, como si de un juego de ajedrez se tratara, orquesta y utiliza eventos adicionales para aumentar la fuerza de la barrera para que, al momento de leer este libro, encuentres algún parecido del control en esta área de tu vida.

Una barrera puede ser cualquier cosa que hagamos por defecto como respuesta a un catalizador específico (incluso cuando no queremos y, particularmente, cuando sentimos dolor).

Satanás nos convence de hacer estas cosas para hacernos sentir mejor, pero en verdad, nos sentimos peor, más alienados, más usado y más distante de Dios o lo que queremos ser como Sus hijos.

Creo que el propósito de Satanás al establecer estas barreras en tu vida, es evitar que vayas más allá del nivel en el que te conviertes una amenaza para él.

Pero los lugares en donde has estado no tienen control en el lugar en el que estás ahora mismo o donde vayas a estar en el futuro. En la parte III de este libro, vamos a hablar de cómo el ahora puede ser diferente del ayer, para que el mañana pueda ser aún mejor.

Capítulo 15

Puertas abiertas y permiso

Dónde hayas estado influye directamente en los cristales con los que ve la vida, mientras que también afecta cómo respondes a la tentación y al grado de control que el enemigo tiene en tu vida.

Tal como mencionamos en el capítulo anterior, la Biblia describe a nuestro enemigo, Satanás, como el ángel de la luz (2 Corintios 11:14), aquel que engañó al planeta entero (Apocalipsis 12:9), el ladrón que vino a robar, matar y destruir (Juan 10:10) y el león rugiente que vaga por la tierra buscando a alguien para devorar (Pedro 5:8). Al entender todas estas características definidas de nuestro enemigo, nos ayuda a confrontar y combatir de mejor manera a aquel que tiene la intención de hacer nuestra vida más difícil. En este capítulo, quiero enfocarme en dos áreas, permiso e intrusión, donde las puertas de nuestras vidas se abren para ser atacado por el enemigo, quien tiene la capacidad de llegar y establecerse en tu casa.

Permiso

Tal como hemos establecido hasta este punto, es indiscutible que, desde un punto de vista bíblico, Dios nos ama y Su gracia te cubre. Pero si la voluntad de Dios es que nos ocurran cosas buenas, que se cumplan sus grandes planes en nuestras vidas, que vive dentro de nosotros y que Sus promesas son nuestras, entonces ¿cómo es que el diablo aún tiene un lugar de autoridad en nuestras vidas? Creo que la primera razón y explicación es que le das permiso para estar allí.

Recientemente escuché una cita de Kimberly Jones Pothier (también conocida como Real Talk Kim) en la que dice "¿el diablo robó tu alegría o le dijiste que podía quedarse hasta que Dios se apartara de tu camino?". Algunas veces hay una liberación de permiso que le concede acceso a nuestro enemigo a nuestras vidas con respecto a cómo manejamos (o dejamos de manejar) y procesamos las situaciones.

Si Dios nos ha dado el libre albedrío para elegir si hacemos o no las cosas a Su manera o a la nuestra (la manera del pecado), no tendría sentido que si escogemos el pecado (y el precio del pecado que produce la muerte) ¿nuestra realidad actual puede ser moldeada por las opciones que hemos hecho a raíz de nuestro libre albedrío?

Es como si Dios nos hubiese dado una casa con múltiples entradas (puerta principal, puerta trasera, ventanas, etc.). Hay muchas maneras en las que el enemigo puede entrar a esa casa, pero la más fácil es tocando a la puerta principal y que le otorgues el permiso para entrar. Para muchos creyentes, este es el caso en el que nuestro enemigo llega a su puerta, vistiendo su mejor ropa. Él no llega como ladrón elegantemente vestido de negro, vistiendo una máscara mientras mira a hurtadillas a través de la puerta o la ventana; él llega vestido como un hombre de negocios, un ángel de la luz, un impostor. Por lo general, la venta viene con algo atractivo. "No tienes que invertir una gran cantidad de dinero". "Todos los vecinos de tu calle lo han comprado y están disfrutando del producto, sin efectos secundarios". "Cada creyente tiene uno e incluso si hay un costo, es muy pequeño y la gracia lo cubre". "Sólo hay un pequeño compromiso". "Todas las personas en tu grupo pecan y sus vidas transcurren sin inconvenientes".

Una vez que hayas comprado lo que él vende, una vez que creas su mentira, le habrás dado el permiso y el poder suficiente al mentiroso y siempre hay letras pequeñas en el contrato que firmas con él. Habla rápida, un presentador metódico y muy capaz de anticipar y desarmar tus argumentos de antes de presentarlos. Él sabe que, si le das permiso, la semilla que te vende crecerá, él sólo tiene que plantarla.

La manera en que justificamos el permiso se expresa en etiquetas como "una mentirilla blanca", "un pequeño pecado", o justificamos con algo noble como "para proteger a alguien" o excusarnos al culpar a alguien más por nuestras acciones. "Si mi esposa me diera más atención, yo no disfrutaría de la atención de mi secretaria". "La empresa es enorme, nadie se dará cuenta si me llevo esta resma de papel a casa. Además, si me pagaran más, tendría dinero para comprarla". "Si le digo toda la verdad, las cosas seguramente serían más difíciles".

Y así vamos. Comienza de manera muy pequeña, pero la mentirilla blanca termina necesitando el apoyo de mentira, tras mentira, para poder salvar el tema entero. El pequeño pecado sigue creciendo a través de la excusa y la complacencia, ya que permitimos que crezca gradualmente (y aparentemente insignificante), pero los pecados se agravarán hasta hacerse cada vez más grande, día tras día. Lo que hayas escondido para proteger a alguien del dolor, resultará en más y más mentira para proteger y así continuar protegiendo del dolor de la verdad. Y la atención, aparentemente inofensiva, de tu secretaria, a la que has permitido llenar el vacío que experimentabas, ha sido recíproco, y los límites llevarán a arruinar tu matrimonio en su totalidad.

Autorizas la existencia de lo que toleras

Uno de mis mentores decía frecuentemente, "autorizas la existencia de lo que toleras" o, en otras palabras, le das permiso si no haces nada para detenerlo.

¿Qué otro pecado en tu vida sigues excusando como inconsecuente? ¿Qué otra mentira has dicho que pensaste que no tendría ninguna secuela? ¿Cuándo le diste acceso al enemigo a tu vida? Determinar esto ayuda a identificar el origen del problema y a enfrentar y superar las consecuencias del pecado y las barreras subsecuentes que se han establecido en tu vida. Identificar el punto de origen nos da claridad para reconocer cómo les dimos permiso para entrar en nuestras vidas y nos proporciona una visión para enfrentar problemas similares en un futuro.

Las barreras raramente llegan a nuestras vidas como maleza. Al contrario, al principio comienza como semillas insignificantes de compromiso. Pero la elección de compromiso lleva a opciones adicionales que se transforman en hábitos o estilos de vida de compromiso que riega y cultiva la barrera y permite que se arraigue profundamente. Si hemos sido capaces de ver la hierba de la semilla inicial de compromiso, hemos escogido de manera diferente y esa es la decepción. Tu enemigo sabía todo lo que produciría en tu vida.

Lo mejor es que, incluso si le has dado permiso al enemigo para establecerse en tu casa (no importa si has sido engañado o escogiste lo que obviamente es incorrecto), puedes usar la misma autoridad que le dio permiso, para desalojarlo. De cualquier manera, es tu casa y él no es dueño de ella; tú lo eres. No importa por cuánto tiempo él ha estado allí, él no tiene derechos por ser un ocupante ilegal y no tienes que darle una nota de desalojo.

Puede haber muchas áreas y puntos de entrada donde tú enemigo puede tener acceso a tu vida. Al exponer los puntos de entrada de las barreras y cómo las procesas mentalmente, se hace más fácil confrontarlas y vencerlas. Muchas veces han sido tus creencias las que le han dado poder para crecer. En los capítulos restantes, expondremos las mentalidades y los pasos necesarios para reconocer, dirigir y desalojar a los huéspedes indeseados.

Capítulo 16

Puertas abiertas Parte II: Intrusión, allanamiento de morada e invasión

En el capítulo anterior hablamos acerca de las veces que el enemigo accede a nuestras vidas con nuestro permiso, sólo con tocar la puerta y mostrándose como un ángel de luz y un impostor, presentando un producto que provoca que le otorguemos acceso. En esa situación, nos vemos involucrado en un acuerdo con la mentira y el engaño. Pero hay otra puerta abierta a la que me gustaría referirme en la que el otro lado de la personalidad de Satanás tiene efectos igual de impactantes y, en ocasiones, más devastadores por nuestra incapacidad de procesar el ataque adecuadamente: cuando se nos presenta como ladrón y león. En este caso no decidimos dejarlo entrar, sino que entra sin nuestro permiso con la intención de matar, robar y destruir. A este modo de operación yo le llamo intrusión.

Las áreas donde el enemigo gana terreno en nuestras vidas a través de la intrusión son tantas como las páginas de este libro. Pero para mayor claridad, la *intrusión* es cualquier evento que ocurre y que tiene la capacidad de abrir la puerta para que el enemigo se establezca en tu mente, cambie tus cristales e influencie en la manera en la que procesas la vida a partir de ese punto.

Quizás tus padres se divorciaron y fuiste abusado durante tu infancia. Quizás fuiste maltratado verbalmente por algún ser querido o por alguien con autoridad que decía que eras estúpido y que no valías nada. Quizás experimentaste algo trágico, tu pareja te fue infiel, tuviste un trágico accidente de tránsito, fuiste abandonado cuando eras niño, fuiste violada, tu padre era adicto a las drogas, tu madre se involucraba en relaciones sentimentales que la lastimaban, sufriste de abuso escolar por tener sobrepeso, perdiste un trabajo y esto ocasionó graves consecuencias familiares. No importa cuál haya sido el caso, todo terminó en algo que no tenías control y te impactó en maneras que fueron difíciles de superar en tu mente.

La intrusión, el allanamiento de morada y la invasión son responsables de nuestras inseguridades y hábitos mentales poco saludables. A raíz de estos eventos (que con frecuencia ocurrieron muchos años atrás), te ves en el espejo y te etiquetas con palabras que contradicen completamente con lo que la Palabra de Dios dice que eres. Palabras como *fracaso, feo, sin valor, consumido, arruinado, indeseado, indigno, gordo e indeseable* están en tu mente.

Muchos encontramos nuestra identidad en la tragedia y adoptamos la etiqueta que la acompaña. A pesar de que no ha sido nuestra culpa, encontramos una manera de asumir la responsabilidad y culparnos por lo sucedido.

Si hubiese sido un niño mejor, mis padres no se habrían divorciado.

Si no hubiera ido a ese lugar ese día no habría ocurrido esa tragedia.

Si hubiera sido más adorable y fiel a Dios, Él no me hubiera castigado permitiendo que esto sucediera.

A través de este procesamiento, nuestras mentes se convierten en responsables de nuestra propia victimización y, en ocasiones, la voluntad de Dios conspira en nuestra tragedia.

No eres víctima
Aunque hayas sido *victimizado,* no te puedes definir como *víctima.* El enemigo siempre quiere que te veas y te sientas como menos que los demás debido a lo que te ha sucedido, pero esas etiquetas son mentiras que el diablo ha diseñado para evitar que creas que puedes ser lo que Dios ha preparado para ti. Si crees

que estás definido por el pasado, entonces no creerás que estás definido por Dios. Cuando crees la mentira acerca de ti, le das poder al mentiroso sobre tu vida.

Es el ladrón, Satanás, el que viene a robar, matar y destruir. Pero Jesús dijo que Él ha venido para que podamos experimentar una vida abundante. El diablo quiere que creas que Dios fue cómplice de tu tragedia, porque si él consigue que creas que Dios es abusivo, pues tendrá más probabilidades de que no creas en Él. Cuando sirves a Dios sin temor, no ejerces la fe. Si no crees que Dios es para ti, entonces no le buscarás para que te ayude cuando el enemigo intente descarrilar tu destino. Recuerda, sin fe es imposible llegar a un acuerdo total con Dios y, como hemos dicho en capítulos anteriores, la percepción determina la recepción.

Lo que percibes acerca de ti, Dios o las circunstancias, determina como respondes a ello.

El ataque fue planificado
La intrusión que experimentas en tu vida ha sido un ataque intencional de tu enemigo, en un intento de establecer una barrera duradera en tu mente, para que en cualquier momento en que experimentes una temporada de avance, pueda usarlo en tu contra para crear un techo que impida tu progreso.

Piensa en esto: ¿Cuántas veces has perdido un estado de paz o no has podido perseguir cosas más grandes a causa de mentalidades y etiquetas que has adoptado como resultado directo de lo que te ha ocurrido? ¿Has notado que cuando haces esto, has aceptado y accedido a una mentira? Desde esta perspectiva, es tan obvio que todo ha sido un plan enorme y bien elaborado de tu enemigo para evitar que llegues al lugar que Dios ha creado para ti al colocar tu fe en una zona en diferente al que Él cree, siente y dice que tiene preparada para ti.

Es hora de recuperar el terreno que el diablo te ha quitado cuando te convenció de creer en la mentira que estableció cuando le permitiste cometer intrusión, allanamiento de morada e invasión en tu vida, para robar todo lo que Dios tiene intención de darte. Lo que crees, hacia lo que extiendes tu fe y el acuerdo que has aceptado, tiene mucha influencia y poder en tu vida. Recuerda, la

Biblia dice "Como [un hombre] piensa en su corazón, así es él". Es hora de colocar tu acuerdo en la verdad de la Palabra de Dios y en lo que Él dice acerca de ti, en lugar de en la basura que el enemigo te trata de vender.

Es hora de decir, "no más". Dilo ahora mismo en voz alta: "¡No más!". Acepta que eres el hijo de Dios, amado y definido por Él. No te define lo que te ha ocurrido en el pasado. Aunque haya influido en muchos aspectos de tu vida y haya sido el catalizador para muchas decisiones pobres que hayas tomado o permisos que hayas otorgado, ese evento es sólo parte de tu historia. ¡No es lo que eres! Gracias a Dios que, aunque te hayan robado, Dios promete restaurar los años que te han robado (Joel 2:25).

Él es un Dios grande y tiene un gran plan para ti. No es tarde para ello. De hecho, nunca es demasiado tarde. Si tienes aire en tus pulmones. aun puedes recuperar el control de tu vida, arrebatarlo de tu enemigo y tu mañana será mucho mejor que tu ayer.

Capítulo 17

La infección del rechazo

Hay un deseo innato, en los seres humanos, de sentirse amados, pertenecer y sentir que contribuyen a la sociedad de alguna manera. Si en algún momento viste fundamentos de la psicología, quizás hayas escuchado sobre la Jerarquía de Necesidades de Maslow.3 Abraham Maslow, un psicólogo americano, quería entender todo aquello que motiva a las personas. El creía que la persona posee un conjunto de sistemas de motivaciones no relacionados con recompensas o deseos inconscientes. En 1943, declaró que la gente está motivada a conseguir ciertas necesidades. Cuando una necesidad se satisface, la persona busca satisfacer la próxima y así sucesivamente. Esto explica que nuestra confianza, autoestima y si nos convertimos en lo que estamos destinados a ser, depende de cómo procesamos el amor y el sentido de pertenencia. Tiene sentido que un ataque significativo que nuestro enemigo lanza contra nuestras almas (mente, voluntad y emociones) venga en forma de rechazo si evitar que nos convirtamos en lo que Dios quería que seamos.

Probablemente te haya dicho que no fuiste amado lo suficiente mientras eras niño. Quizás tuviste un padre o figura de autoridad que abusó de ti física, emocional o sexualmente. Posiblemente no encajaras en tu salón de clases por tu personalidad diferente, apariencia o tu capacidad de costear las cosas que otros niños podían tener. O quizás tuviste un cónyuge que te fue infiel, te menospreciaba o te abandonó. Sin importar si tu padre escogió

---
3   http://www.simplypsychology.org/maslow.html.

al trabajo por encima de ti o si siempre llegabas de último en tus clases de educación física; en algún momento el rechazo infectó tu existencia e impactó los cristales por los que te ves a ti mismo y a los otros y, probablemente, a la vida en general. Estas cosas que te ocurrieron (intrusiones) se convirtieron en el catalizador de las barreras del rechazo.

Debido que a que tenemos el deseo innato de ser amados y de tener sentido de pertenencia, el sentirnos rechazados nos hace cuestionar nuestro valor y se siembran semillas de inseguridad que, a menudo, producen el fruto de varias barreras en nuestras vidas. El rechazo es un catalizador significativo para el establecimiento de otras barreras en las vidas de los creyentes y una que debe ser expuesta y superada con los pensamientos adecuados.

Cuando miras hacia atrás en tu vida, a los errores que has cometido y a las decisiones que han influido en tu realidad actual, te preguntas "¿Cuántas de estas decisiones negativas que han influido en mi vida están directamente relacionadas con cómo me veo a mí mismo o cómo creo que los demás me ven?"

Si realmente crees que vales ¿Habrías tomado las decisiones que has tomado hasta ahora? ¿Habrías tratado de aliviar tu dolor y emociones con drogas o alcohol? ¿Habrías usado el sexo para encontrar un sentido de intimidad, pertenencia o valor? ¿Te habrías ocultado detrás de una máscara de ira y violencia para evitar que la gente te perciba como una persona débil? ¿Habrías sido tan deliberado en controlar cada situación y persona en tu vida para tratar de no salir herido de nuevo? Sólo tú lo sabes, pero la respuesta a este tipo de preguntas es "probablemente no".

Curiosamente, una vez que las personas adoptan estas perspectivas, comienzan a procesar a Dios y la manera en que Él les ve a través de los mismos cristales con los que ellos se ven y ven a los demás. A través de estos cristales, nuestro enemigo nos convence de que, no sólo no somos valorados por otros, sino que también somos rechazado por Dios.

La estrategia
Sin duda un movimiento estratégico. Satanás manipula la manera en la que pensamos y procesamos la vida, a través de una

serie de experiencias negativas y luego nos convence de alejarnos de Aquel que puede mejorar nuestra situación y hacer nuevas todas nuestras cosas. Nuestro Padre amoroso, creador del universo, Aquel que nos promete no dejarnos ni abandonarnos nunca, nuestro Dios compasivo. Y cuando lo hace, nos encontramos atados y manipulados por las barreras que surgen como consecuencia (muchas veces de por vida), porque, debido al temor y al rechazo, no llegamos a conocer la verdad que nos puede liberar.

En nuestras mentes, Dios se hace parte del veneno de nuestro proceso. Él se convierte en otra parte del dolor. El rechazo que sentimos se agrava debido a que, en nuestras mentes, no somos suficientemente buenos para nadie más e incluso Dios nos ha dado la espalda, cuando Él, de todas las personas, es el único que nos puede amar cuando nadie más lo hace.

Así como el agua es esencial para la vida, cuando se trata de la libertad de las barreras, vernos de la manera en la que nos ve Dios, es esencial para la superación. Sin embargo, el enemigo nos ha dicho a muchos de nosotros, que el "agua" es veneno y que nos puede matar. Luego, como resultado, morimos de sed debido a que no es el agua la que es venenosa, sino la mentira en la que creímos.

Tú no eres rechazado por Dios
Para Dios no eres la oveja negra, la excepción a la regla de Su amor o el descarrilado de la familia. Dios te puso en este planeta en el momento exacto para un propósito que sólo conseguirás cuando camines por la plenitud que Él ha creado para ti. Quizás no fuiste planeado para tu familia, pero de seguro fuiste planeado por Dios. La Biblia dice que Él sabía de ti, incluso antes que te formaras dentro del vientre de tu madre y, además, tiene un plan para ti.

Incluso si no te has sentido querido o apreciado, tu Dios maravilloso te quiere y te ama más allá de cualquier medida. Él ríe cuando te ríes; y solloza cuando te ve llorar. Celebra cuando ganas. Él quiere que te conviertas en eso que tanto has soñado desde que eras un niño, incluso mucho más de lo que tú lo has querido. De hecho, Él es quien ha implantado ese deseo en tu corazón.

Tú eres quien Él dice que eres. Eres el perfecto tú que Él ha creado para que seas y, si aún no lo sientes en tu corazón, lo harás cuando abras tu alma y aceptes Su voz, aquella que dice la verdad acerca de lo que tu corazón puede ser, incluso si tu mente dice lo contrario.

Pídele hoy que te muestre una foto de mismo a través de Sus ojos. Cierra tus ojos y hazlo ahora. Pide a Dios que te muestra una foto tuya a través de su perspectiva. Pídele que te deje sentir lo que Él siente por ti.

¡Dios te ama! La Biblia está llena de definiciones claras acerca de cuánta te amo y te acepta. Quizás hayas sido rechazado por ciertos miembros de la familia, líderes o amigos, pero no has sido rechazado por Dios. El dolor y las decisiones del pasado no te definen. Él te ve sólo a través de los ojos del amor, la gracia y la aceptación. Quizás haya otros pastores que intenten manipularte al decirte que Dios te rechaza para que escoges otros comportamientos diferentes y temas al rechazo de Dios. No es lo más correcto y se han equivocado al asegurar lo anterior. Dios no te rechaza. Por el contrario, Él te ama.

Ahora, la pregunta se transforma en esta: ¿Estás dispuesto a verte a través de la imagen que Dios tiene de ti, incluso si Su perspectiva difiere de lo que te han dicho en el pasado?

Capítulo 18

Procesando el dolor

Pocas cosas tienen la habilidad de dominar nuestros pensamientos como el dolor. Cuando sientes dolor, es muy difícil enfocarte en otra cosa que, en ello, y depende de su nivel, muchos buscan cualquier forma para eliminarlo.

En ocasiones me siento frustrado cuando escucho a alguien que no ha experimentado un dolor intenso, decir a alguien con un dolor enorme "supéralo". Y es que no tienen idea de lo que la otra persona está pasando. No se imaginan que, si fuera tan fácil, lo habrían *superado* desde hace mucho tiempo atrás.

Estoy convencido que a la persona a la que se le ocurrió el dicho "Si la vida te da limones, haz limonada", nunca tuvo un limón descompuesto en sus manos. Para todos aquellos que sí lo hemos tenido, no hay cantidad de azúcar suficiente que pueda endulzar ese limón para hacerlo agradable al paladar. Entonces, ¿qué hacemos cuando nuestras vidas están moldeadas a la experiencia de un limón descompuesto con los que otros ni siquiera pueden identificarse, ni siquiera entender?

Creo que el primer paso es reconocer la legitimidad del dolor. La experiencia dolorosa ha jugado un papel importante en tu realidad actual. No eres débil porque sientes dolor. Y no hay nada de malo porque no puedas olvidar. Como dije en el primer párrafo, el dolor tiene una manera única de capturar nuestra atención. Sólo tú puedes evaluar el nivel de dolor y nadie más (o sus expectativas) pueden establecer un límite para la manera en que lo procesas. El dolor que has experimentado afectaría a cualquier ser humano si lo viviera como tú lo has vivido.

No aceptes las etiquetas

El pozo en el que creo que muchas personas caen como resultado de su dolor está asociado a aceptar las etiquetas que emergen como resultado del dolor. ¿Crees que eres inservible permanentemente? ¿Aceptas que eres una víctima irreparable? Si es así, has aceptado un modo de operación que es consistente con la mentalidad de víctima que hemos discutido en anteriores capítulos. Mientras te veas a través de los ojos de la victimización, responderás como víctima.

Hace unos pocos años atrás, un amigo cercano me preguntó por qué odiaba tanto la debilidad en mí y me esforzaba tanto en proyectar una imagen de guerrero. Me preguntó si yo había sido un niño consentido y luego me preguntó si había sido un abusado durante mi infancia.

Me sentí muy molesto por estas preguntas porque, a pesar de que lo había ocultado durante toda mi vida, cuando era niño lloraba con facilidad, tenía miedo de todo y, de hecho, sí había sido abusado. Crecí para odiar esa sutilidad, aquella que to consideraba como una debilidad. Me sobrecompensé hasta el punto de despreciar incluso un toque de debilidad en mí o en alguien más.

Quería correr. Quería explotar. Cada parte de mí quería cambiar el tema. Pero sabía que él tenía razón. Yo odiaba la debilidad, especialmente en mí mismo. Y le contesté honestamente: "Sí, abusaron de mí y era un niño consentido. Lloraba con facilidad. Si le gritaban a otro niño, me ponía nervioso. Era de naturaleza sensible".

Aun así, mi amigo siguió haciendo preguntas. "Aaron, ¿crees que Dios te creó como un niño sensible, que estaba en contacto con sus sentimientos, sentía compasión y se conmovía?

Tuve que aceptar que Dios, probablemente, me creó de esa manera. Su próxima pregunta me atormentó. "Aaron, ¿cuál crees que sería más útil para Dios? ¿El tú *creado por Él* o el que *tú creaste*?

Mi amigo continuó con lo siguiente:

> Aaron, tú eres la suma de lo que Dios creó y las experiencias de tu vida. Pero mientras pelees contra la sensibilidad que Dios creó para que tuvieras, con la que

puedes sentir compasión y empatía, nunca serás el líder completo que Él creó.

Aaron, fuiste creado para ser el Guerrero consentido. Como el Rey David, el arpista/asesino de gigantes o el mismísimo Jesús, quien se conmovía por la compasión de las necesidades de las personas. Al menos que no acojas al niño consentido, nunca encontrarás el lugar de realización que persigues en tu vida.

He adoptado la etiqueta de la victimización. Debido a que era de naturaleza sensible y lloraba con facilidad, a que otros niños se burlaban de mí por llorar y a que me avergonzaba el haber sido abusado (sobre todo por mi participación en ella, en la que me preguntaba si pude haber hecho algo al respecto); adopté una imagen de mí mismo de ser débil, en comparación a otros. Luego, debido a que me rehusaba a ser débil, hice todo lo posible para convertirme en la versión distorsionada de fortaleza que adopté durante el camino. Odiaba tanto ser el niño del que los demás se reían por llorar, que pasé el resto de mi vida suprimiendo esas emociones, destruyendo esa imagen de debilidad en mí levantando pesas, volviéndome fuerte, proyectando una imagen de fuerza, sin dejar que nadie se aprovechara de mí.

Como resultado, las barreras de un falso orgullo, autoconfianza y arrogancia (todas basadas en el miedo) se establecieron para compensar todo lo que yo creía que estaba mal en mí. La verdad es que yo sólo era un niño que había experimentado el dolor y se lo había llevado consigo hasta la edad adulta.

El dolor era real, pero la etiqueta que había adoptado no lo era.

Superando el dolor

No importa la fuente del dolor, no se puede negar que influye en ti, pero es vital que nos demos cuenta que no nos define.

Superar el dolor no comienza por negar el dolor; comienza por negar las etiquetas. Para algunos, las etiquetas pueden ser tan diversas como los cristales que hemos desarrollado para lidiar con ellas. Hasta este día, he descubierto nuevos cristales que he desarrollado para procesar el dolor y la inseguridad que ni siquiera había notado que estaban allí.

De vez en cuando alguien dirá algo que me sorprenda y me haga enojar. A través de la progresión intencional y las clases relacionadas con el procesamiento de las etiquetas y los cristales que las acompañan, he aprendido a preguntarme intencionalmente ¿Por qué esto me afecta de esta manera? o ¿Qué pasa con esto que tiene la capacidad de influenciar mis emociones a esta escala? La respuesta más frecuente yace en lo que he aceptado, creído o aceptado con respecto a cómo me veo (especialmente en lo que se refiere a las mentiras a las que accedido a lo largo de mi vida).

La mentira que compramos en lo que concierne al dolor es generalmente exagerada por lo que aceptamos como la verdad que leemos en su etiqueta.

Eres la suma de lo que Dios ha creado para ti más las experiencias de tu vida. Dios no pretende que te ocurran cosas males, pero, aun así, han ocurrido. Sin embargo, Dios puede hacer que todo salga bien para nosotros, si se lo permitimos. Estoy convencido de que te ayudará porque Él no dejará que la última palabra de tu vida sea tragedia.

Cuando la Palabra de Dios dice que puedes hacer todo a través de Cristo, creo que es cierto. Ahora la pregunta es ¿lo crees tú?

Capítulo 19

100 por ciento

En ocasiones cuando experimentas mucho dolor, verte salir victorioso es muy difícil. Pero déjame ponerte algo en perspectiva. ¡Ya has superado el 100% de los peores días de tu vida!

Hay muy pocas cosas que llevan una estadística del 100%, por lo tanto, una declaración de victoria es muy significativa. Me he dado cuenta que muchos de esos días no se sienten precisamente como victorias, pero en realidad lo son. Fueron hechos para destruirte, para derrumbarte, para significar tu muerta, pero aún estás aquí.

Como mencioné anteriormente, durante el último día de mi carrera como miembro del equipo SWAT, dos jóvenes trataron de asesinarme. Pude haberlo procesado como una pérdida significativa (e inicialmente así fue). Después de todo, yo era un buen policía. En los años anteriores a mi retiro por razones médicas, me otorgaron el premio de Oficial del Año y había sido reclutado por la Policía del Estado de Tennessee para ser Oficial de Entrenamiento del Programa DARE. Trabajé duro, aprovechaba cada oportunidad que podía y me certificaba en todo lo que se me permitiera. Justo unos meses antes de ser atacado, me ofrecieron un trabajo en el Buró de Investigación de Tennessee(TBI), como investigador. Incluso me habían ofrecido volver a la Universidad para completar los requisitos educativos necesarios, si me decidía ir a trabajar con ellos.

Cuando los médicos me obligaron a jubilarme, no recibí

ninguna compensación debido a que vivía en estado con derecho al trabajo, lo que significa que mi empleador no ofrecía una pensión. Cuando perdí mi trabajo, perdí todo en lo que había trabajado. Perdí mi trabajo (y cada oportunidad conectada a ello), mi seguro de salud y mi negocio personal. Luego la economía colapsó y no pude conseguir un trabajo en años. Hasta la fecha, las lesiones me han costado casi un millón de dólares en salarios perdidos.

Tú escoges en qué enfocarte
Podría estar enojado. Podría estar en la vida sintiéndome como una víctima injusta en todo el sentido de la palabra. Podría reflejarme negativamente en un sistema que me falló aun cuando le di todo lo mejor de mí. Pero elegí no hacerlo.

Todo esto sin mencionar que tuve que lidiar con sentimientos y emociones difíciles. Después de mi accidente, atravesé una depresión muy difícil. Me sentía como un fracasado. He reflexionado sobre situaciones muy injustas y que no sabía cómo procesar. He llorado. He estado enojado. He experimentado emociones normales a lo largo de casi una década de procesar todas las circunstancias, pero he llegado a la conclusión de que tengo el poder de escoger cómo me permito definirme y cómo respondo a las circunstancias que he encontrado.

Me niego a definirme o que me definan como una víctima. Ser victimizado y agraviado es una parte de mi experiencia, pero no es la etiqueta que me permitiré llevar en la frente, para que sea vista por todo aquello con quien tenga contacto. Reconozco que gané porque logré atravesar todos los obstáculos que encontré. Casi me matan (muchos oficiales fueron asesinados ese año), pero no fue así. Casi me destruyen financieramente, pero aún estoy aquí y, de alguna manera, hemos tenido comida para comer y una almohada para dormir. Estaba devastado emocionalmente, lo que me impacto fuertemente durante una temporada, pero estoy de vuelta y mejor que nunca. El enemigo tuvo la intención de aplastarme con estas circunstancias y quizás lo hubiera logrado si me hubiese permitido adoptar la etiqueta que tenía durante esa temporada de mi vida, pero me rehusé a acceder a eso y me vi a mí mismo a través de otros cristales.

Sin Límites

En días cuando mi mundo estaba literalmente fuera de control por meses, me paraba en medio de mi casa, levantaba las manos hacia el cielo y gritaba: "Aun así sigo confiando en ti".

Fueron días oscuros, solitarios, difíciles y dolorosos... y duraron varios años. Tenía algunos días buenos y luego tenía otros malos, en los que luchaba por no saber dónde poner mi contrato, luego unos pocos días buenos más. Con el tiempo, los días buenos comenzaron a ser más y los días malos comenzaron a ser menos.

Esto también pasará

Recuerdo que, durante estos tiempos oscuros, mi padre me dijo, "Hijo, sé que esto es muy duro, pero te prometo, que todo mejorará y que esto también pasará." Me aferré a estas palabras durante los días malos y ¿sabes algo? ¡Él tenía razón! Todo mejoró. En ese momento escogí rodearme con gente que impactara mi vida positivamente. Tenía todas las intenciones de no enfocarme en cosas negativas. Leía material inspirador. Escuchaba música y programas que no proyectaran negatividad en mi vida (¿No es gracioso lo natural que es poner una canción triste mientras estamos deprimidos? Escogí no hacerlo durante esa temporada). Pasé mucho tiempo escribiendo. Cuando escribía, lo hacía desde la perspectiva de lo que le diría a alguien que estuviera experimentando lo mismo que yo. La Biblia dice que David se alentó en el Señor y por varios días eso fue exactamente lo que trataba de hacer.

No siempre fue fácil y algunos días eran muchos más difíciles que otros, pero logré superar el 100% de los días oscuros. En ocasiones quise tirar la toalla. Otras veces quería renunciar. También pensé en rendirme, pero elegí seguir adelante, así fuera sólo un centímetro a la vez.

Recuerdo que un día, cuando mi mundo estaba fuera de control, le dije a mi esposa con lágrimas en los ojos "no quiero malgastar nunca otro día". Estaba determinado a superarlo. Fue una decisión consciente para hacer lo necesarios para ganar. Me rehusé a ser definido como víctima y a permitir que el diablo robara un día más de mi vida. ¡Y tú también lo puedes hacer!

En la Biblia (Proverbios 6:31) se menciona una orden en la que un ladrón debe devolver siete veces lo que ha robado. Por un período de tiempo, me alegré de aceptar que el retorno del ladrón por lo que se me había robado y colocar mi contrato en la etiqueta de víctima de quién había sido robada. Pero luego tuve otra epifanía. Verás, hay otro conjunto de escrituras de la Biblia que dice que cuando sembramos algo en forma de semilla, el retorno es treinta, sesenta y cien veces mayor.

Cuando leí sobre el retorno de los inversionistas, algo hizo clic en mi corazón y me impactó (quizás por esto es que la Biblia dice que, si alguien toma tu abrigo, dale también tu camisa). Quizás se trata de negarse a ser la víctima para que el retorno de tu inversión sea exponencialmente mayor.

Dios siempre es fiel y si yo *escojo* ser definido como víctima, todavía podré exigir el retorno de una víctima. Pero si quería verme como Dios me ve y yo elegía sembrar mi dolor, dificultades y experiencias en el reino de Dios y permitía que Dios me moldeara a través de esas experiencias, no como víctima, sino como un entrenamiento para vencedores de alto nivel de liderazgo; entonces el retorno se multiplicaría exponencialmente unas treinta, sesenta y cien veces.

Aunque no era justo y no lo merecía, escogí antes, tal como escojo ahora, permitir que Dios lo tome y lo use. No voy a ser una víctima. No voy a caminar por la vida con una mentalidad lamentable. Yo fui creado con potencial ilimitado. Soy el hijo del Rey. Me equivoque, pero Él me hizo mejor a pesar de ello. Mis experiencias y pérdidas se convirtieron en mis beneficios actuales, porque los he sembrado como un vencedor.

La etiqueta que aceptas, te definirá

Así que esta es tu elección. ¿Cómo definirás tus experiencias? La victoria comienza con la decisión de ser definido como víctima o vencedor. ¿Con qué estás dispuesto a estar de acuerdo? ¿Qué etiqueta estás dispuesto a abrazar? La etiqueta que aceptas, te definirá. ¿Vas a superar las mentiras del pasado que tratan de definirte falsamente? ¿O vas a rendirte, aceptarlas y revolcarte en ellas? Cómo te veas a ti mismo será, en última instancia, la manera en la que otros te ven y el impacto con el que te recibirán.

Si escoges ser definido como víctima, te verás, serás recibido y te responderán como a una víctima. Si escoges verte a ti mismo como la persona victoriosa que Dios dice que eres, recibirás y te responderán con el respeto y el honor de quien consigue la victoria.

Sé que no siempre es una opción fácil, pero todo comienza con la determinación de no querer ser etiquetado de cierta manera. Sólo puedes comportarte como ganador cuando te rehúsas a permitirte ser etiquetado mentalmente como perdedor. Quizás tome un poco más de tiempo verte como el ganador que Dios dice que eres, pero nunca llegarás a ese punto, mientras estés contento con la etiqueta de "víctima" o definido como perdedor.

En lo que te conviertes se verá afectado por lo que estás dispuesto a aceptar. Así que la pregunta se transforma: "¿Con que etiqueta quieres ser definido?"

¿Eres víctima o eres victorioso? En los próximos capítulos discutiremos cómo una persona victoriosa puede superar los dolores de su pasado.

Capítulo 20

El poder de las palabras

"Los palos y las piedras pueden romper mis huesos, pero las palabras nunca podrán lastimarme". Recuerdo que cuando era niño cantaba esa frase cuando otro niño se burlaba de mí. Aunque ha sido diseñada para que las palabras de otros no nos lastimen, hay muy poca verdad en esta frase, porque las palabras lastiman y tienen muchísimo poder.

Proverbios 18:21 nos dice que la muerte y la vida están en el poder de la lengua. Job 22:28 dice que, si declaramos algo, se establecerá. Jesús nos dice en Marcos 11:22-23 que, si le hablamos a la montaña con un poco de fe, la montaña se moverá. Incluso la confesión de tu boca de que Jesús es el Señor que acompaña tu fe en Él, es un factor solidificado-esbozado por Pablo en Romanos 10.

La Biblia no dice, "Declara lo bueno y se establecerá". (Job 22:28), dice "Declara algo y se establecerá" (NKJV). Las palabras fueron diseñadas por Dios para tener poder, así que aun cuando se dicen palabras negativas sobre nosotros (por nosotros mismos o alguien más), hay algo que se arraiga.

Dios usó las palabras y *habló* de casi toda materia física de la existencia en Génesis 1. Pero no nosotros. Él nos creó con Sus manos, a Su imagen y semejanza, y respiró vida en nosotros. A diferencia del resto de la creación, Él nos dio Su aliento y nuestras palabras son las portadoras a través de las cuales transmitimos bendiciones y maldiciones.

Bendiciones y maldiciones

Las bendiciones y maldiciones son áreas típicas de potenciales mal entendido. Con la habilidad de crear y destruir, construir o derrumbar, animar o desalentar; las palabras (y nuestro contrato con ellas) son el catalizador de muchos de nuestros sucesos y fracasos. Las palabras dichas son frecuentemente una fuente distinta para el establecimiento de barreras en tu vida.

Algunas de estas palabras destructivas (maldiciones), han sido dichas por nuestros padres, compañeros y figuras de autoridad y se han arraigado para herirnos y abrir las puertas que permiten la *intrusión*. Mientras que otras son dichas por nosotros mismos y crean las realidades indeseadas por *invitación* nuestra.

Como ya hemos dicho antes en el capítulo, la Biblia dice en Proverbios 23:7 que el hombre se convierte en quien piensa en su corazón que él es. También dice en Mateo 12:34 y Lucas 6:45 que las palabras que hablamos reflejan lo que creemos en nuestro corazón.

> *Guarda tu corazón por encima de todo,*
> **Pues determina el curso de tu vida.**
> (Proverbios 4:23 NLT)

Teniendo en cuenta todas estas referencias bíblicas acerca del corazón y la influencia directa que las palabras (nuestras o de otros) tienen en él, parece que debemos estar atentos de las palabras que decimos sobre nosotros y permitir que se arraiguen.

Puedo oír a algunos se pregunten "¿Cómo puedo controlar lo que otros dicen o han dicho acerca de mí?" Y la respuesta es, no se puede. Pero, como se refiere al establecimiento de barreras en tu vida a través de las palabras, tienes que desarrollar una actitud agresiva para declarar cosas buenas para tu vida, a pesar de lo que otros hayan dicho de colocar su contrato en las maldiciones de otros al permitir que palabras negativas del ayer impacte en el mañana.

No estoy diciendo necesariamente que discutas con una persona que diga cosas negativas sobre ti. Pero puedes rechazar mentalmente esas etiquetas. Hoy en día muchos luchan contra las palabras que fueron dichas hacia ellos hace años atrás, cuando apenas eran niños. Sólo toma un momento y piensa acerca de las cosas más dolorosas que se pudieron haber dicho acerca de ti. Estoy dispuesto a apostar que al menos un evento doloroso ha llegado a tu mente. Eso es debido a que cargamos con este dolor durante años. Imagina cómo podría ser tu vida si no creyeras estas mentiras sobre ti mismo, al menos en su mínima expresión. ¿Tendrías más confianza? ¿Tendrías mejores relaciones con los demás? ¿Tendrías una relación más cercana con Dios?

Tu escoges cuáles palabras adoptarás

Como puedes ver, el asunto se convierte en el lugar donde hoy ponemos nuestro contrato con respecto a las maldiciones del ayer. Y nunca es demasiado tarde para comenzar a deshacer todo lo que se ha hecho negativamente al declarar confesiones positivas y llenas de fe, sobre nosotros mismos.

Recuerda, de acuerdo a la Biblia, no sólo está el poder de la muerte en la lengua, sino también el de la vida. No sólo puedes maldecir tu realidad y desgarrar tu corazón con palabras negativas, sino que puedes salvar tu corazón y bendecir tu vida con palabras positivas.

Cuando esas palabras negativas vienen a tu mente y te ves tentado a creerlas o repetirlas, tómate un momento para revertir la maldición y pensar en palabras que traigan vida.

Tu escoges qué palabras creer. Tú escoges cuáles palabras adoptarás. Tú escoges qué bendiciones o maldiciones acceden e influyen en tu realidad y escoges cómo te permites ser definido. Tienes el poder de cambiar las cosas con tus propias palabras. No puedes quitar el aguijón de las palabras que ya se han dicho. Las palabras duelen cuando son utilizadas como armas, pero de acuerdo con la Palabra de Dios y declarando bendiciones llenas de fe sobre ti, puedes cambiar si tomas o no la etiqueta (o maldición) inherente de las declaraciones negativas.

Lo gracioso acerca de las *palabras* es que, al principio, es difícil de creer las bendiciones y las afirmaciones positivas que te dices a ti mismo (en especial cuando has estado creyendo lo contrario por tanto tiempo). Pero a medida que entras en el contrato con Dios y Sus palabras acerca de ti, y extiendes tu fe al hablar y acceder a la verdad de Su Palabra, las percepciones comienzan a cambiar y tu contrato con la Palabra de Dios genera un nuevo sistema de creencias.

Cuando esas percepciones comienzan a cambiar, renuncias a ser influenciado por las mentiras dichas en todas las maldiciones anteriores y te preparas para recibir la paz asociada con las bendiciones que Dios declara para tu y que ahora declaras para tu vida.

Lo que hagas diariamente se convierte en permanente
Estoy seguro que ahora te preguntas "¿Qué debo decir y que tan frecuentemente debo hacer estas declaraciones positivas?" No creo que la fórmula para el éxito se deba a un número específico de declaraciones, sino más bien tener una mentalidad consistente y persistente que no permita que los pensamientos negativos vivan y crezcan. Lo que hagas diariamente se convierte en permanente

Los asuntos y las barreras con las que tienes que lidiar de por vida, pueden ser diferentes de aquellas que yo he confrontado. Hay miles de promesas en la Biblia relativas a diferentes asuntos. Una buena idea sería realizar un estudio, buscar escrituras positivas y afirmativas para meditar directamente con lo relativo a tus batallas.

Si no sabes lo que la Biblia dice acerca de la batalla que estás confrontando, no hay excusas hoy en día. Nunca ha habido un momento en la historia donde se pueda descubrir y encontrar información a una velocidad tan rápida como hoy en día. Con tan sólo presionar unas teclas o un viaje a la biblioteca local, puedes leer páginas tras páginas de información detallada relacionada directamente con lo que estás tratando de entender.

Si tienes problemas de autoestima, culpa, rabia, lujuria, depresión u orgullo (sin importar cuál sea tu problema), haz una búsqueda por internet de "escrituras relativas a (cualquier problema con el que estés lidiando)" y haz tus propias fichas con lo que encuentras. Luego investiga las "promesas bíblicas" al respecto y agrégalas a tus propios apuntes. Determina con cuáles te identificas mejor y luego memorízalas y apúntales en notas que puedas poner alrededor de tu casa para recordarte lo que Dios dice, a lo largo del día.

Luego, cuando los pensamientos negativos vuelvan a tu

cabeza, tendrás las palabras positivas en tu mente y corazón, y podrás contradecir de manera inmediata e intencional esas mentiras con la Palabra de Dios acerca de ti. En esos momentos, podrás decir "No, yo no soy eso. ¡Yo soy lo que Dios dice que soy!"

Debido a que la muerte está en el poder de la lengua, somos impactados negativamente por las palabras que se dicen; entonces ¿por qué no ser impactados por las palabras positivas cuando la vida también está presente en el poder de la lengua?

Di palabras positivas acerca de ti mismo. Di palabras positivas a tus hijos. ¡Revierte las maldiciones con palabras de vida! No compres la mentira: desafíala y trae vida con tus palabras.

Capítulo 21

Maldición de la conciencia

Debido a que la esclavitud y las fortalezas asociadas con donde hemos estado pueden tener causas profundas desde una perspectiva bíblica, me gustaría abordar brevemente algunas de estas cuestiones antes de entrar a la próxima sección del libro "¿Dónde estoy ahora?"

En esta sección me gustaría presentar un término que voy a usar por el resto de este capítulo, *maldición de la conciencia*. Como hemos discutido muchas veces, lo que creemos o pensamos tiene el potencial de influir en nuestras realidades y esto es muy cierto en cómo procesamos el tema de las *maldiciones* en nuestras vidas.

Cuando lees la Biblia, especialmente si has estado involucrado en ministerios de libertad y salvación, quizás hayas escuchado términos que se refieren a ejemplos bíblicos como maldición generacional, maldición de palabras, maldiciones dichas por personas involucradas con el ocultismo, maldiciones relacionadas con la brujería, maldiciones asociadas con la participación sexual impía, maldiciones al adorar falsos dioses, maldiciones asociadas a dañar a alguien intencionalmente o aprovecharse de los débiles, maldiciones asociadas con no hacer con el dinero lo que Dios nos ha enseñado y maldiciones ocasionados por ser desobediente e irrespetuoso con tus padres.

La verdad es que todos los patrones de comportamiento asociados a esta lista de maldiciones no deben reflejar el comportamiento de alguien que haya sido transformado por el poder de Dios e influenciado por Su Espíritu, luego de haber entrado en una relación con Cristo y ser renovado por Él. Estos comportamientos y las maldiciones asociadas con ellos, son parte de un pasado no redimido y han sido cubiertos por la sangre de Jesús.

Muchas de estas maldiciones fueron esbozadas en el Antiguo Testamento (y bajo la Antigua Alianza) como resultado de pecar contra Dios y, por supuesto, las bendiciones de Dios también consecuencia de no hacer estas cosas.

Como mencionamos en el capítulo anterior, debido a que aún hay un principio de cosecha asociado a algunas de las cosas que hemos hecho, el pecado todavía tiene el poder de producir muerte en nuestras vidas.

Por ejemplo, si he consumido heroína antes de ser creyente y contraje hepatitis durante esa temporada, convertirme en creyente no puede negar la influencia de la enfermedad contraída en ese entonces. Pero eso no descarta la posibilidad de sanar, por que Cristo tomó nuestra maldición sobre sí mismo y he visto muchos casos en los que Dios ha curado a personas milagrosamente de enfermedades y dolencias.

De la misma manera, no subestimo el poder de las palabras negativas y las maldiciones (e incluso la fortaleza espiritual) dichas por otros para nosotros. Ciertamente, hay una amplia evidencia en el mundo, y quizás en tu propia vida, donde las palabras negativas han producido su propia cosecha. Pero tampoco creo que debemos dar tanta importancia al poder del diablo que se encuentra bajo los pies de los creyentes fortalecidos por el Espíritu de Dios. Nuestro Dios es grande y, francamente, ganaremos

Aun así, lo que veo sucede con más frecuencia como ministro de la libertad es que, mientras la gente conoce más acerca de los tipos de maldiciones que influyen en las vidas de los creyentes de hoy en día, muchos adoptan una mentalidad vinculada a una maldición proveniente de una temporada anterior en su vida. Luego arrastran esa mentalidad hasta la siguiente temporada a través de la maldición de la conciencia.

En otras palabras, continúan viéndose a sí mismos atados a un área donde Cristo ya los ha liberado. Cuando esto sucede, tu realidad interna se convierte en la realidad externa, y consecuentemente, te encuentras bajo la influencia del pecado generacional o maldiciones en las que Cristo ya te ha dado la victoria.

> *Por lo tanto, si alguien está en Cristo, es una nueva creación; Las cosas viejas han pasado; Contemplad, todo se ha vuelto nuevo.*
> *(2 Corintios 5:17 NKJV)*

Todas las cosas nuevas

Todas las cosas se han vuelto nuevas. La palabra *nueva* proviene del griego *kainos*, que significa "de un nuevo tipo, sin precedentes, novedoso, infrecuente o inaudito." Te han hecho completamente nuevo de manera que te transformas en algo que ni siquiera se asemeja a lo que eras anteriormente; sin embargo, en el ministerio de la libertad, frecuentemente veo creyentes que, aun cuando han sido convertidos en nuevos por Cristo, siguen luchando con viejas barreras del pasado porque creen que aún deben hacerlo. Como resultado de la maldición de la conciencia, ya sea porque alguien (un pastor o líder) les ha dicho que deben seguir atados a estos temas o simplemente porque han concluido que es un tema con el que están destinados a vivir, se convierte en un contrato hecho entre el asunto y el pecado/esclavitud como algo con lo que tendrán que vivir, para luego vivir fuera de los términos del contrato.

Un ejemplo perfecto de esto es cuando dice cosas como: "Mi abuelo tenía un carácter terrible, por lo tanto, yo tengo un carácter terrible" o "mi abuela era insoportable, mi madre era insoportable y yo soy insoportable". En esencia, se crean excusas para lo que está mal para justificar "por eso es que soy así" y no tienen confianza debido al obstáculo creado por la maldición de la conciencia. Pero operar y vivir bajo estas maldiciones, es una existencia inferior a la que Cristo preparó para nosotros. ¡La vida no puede ser vivida de esa manera!

> *Cristo nos redimió de esa vida autodestructiva y maldita, absorbiéndola completamente en sí mismo. ¿Te acuerdas de la Escritura que dice: "Maldito todo el que cuelga de un árbol"? Eso fue lo que sucedió cuando Jesús fue clavado en la cruz: Se convirtió*

en una maldición, y al mismo tiempo disolvió la maldición. Y ahora, por eso, el aire está despejado y podemos ver que la bendición de Abraham está presente y disponible también para los no judíos. Todos somos capaces de recibir la vida de Dios, su Espíritu, en y con nosotros, al creer.
(Gálatas 3:13-14 MSG)

Ciertamente, en el caso del pecado generacional, hay patrones y comportamientos familiares (y quizás influencias espirituales demoníacas) que han sido parte de familias y que han sido toleradas, nutridas y permitidas para operar en la familia por muchos años, incluso décadas. Como resultado, y debido a la exposición a estos patrones, pueden haberse convertido en una predisposición. Pero no tienes por qué otorgar permiso a estos espíritus (influencias espirituales que han sido tolerados en tu familia) para operar en tu vida y continuar con el legado familiar.

La maldición termina conmigo

Hace unos años atrás, antes que naciera mi hijo Rocky, me encontraba en una temporada en la cual estaba entrando a este lugar de entendimiento acerca de quién es Dios en mi vida y quien era yo con respecto a la alianza con Él. Recuerdo que estaba de servicio en una iglesia donde hacíamos declaraciones afirmativas sobre nuestras vidas, tal como hablamos en el capítulo 20, y grité "La maldición termina conmigo". Una vez que lo dije, me sentí emocionado. Algo hizo clic en mí, mientras las palabras pasaban por mis labios. Aún no había tenido hijos, pero estaba determinado a que no seguiría atado a estas cosas y que mis hijos no tendrían que lidiar con estas barreras que yo había autorizado a que destruyeran nuestra familia.

Profecía auto cumplida

Cuando aceptamos o toleramos operar bajo algún tipo de maldición, continuamos viviendo atados a ella. Esto es llamado en psicología *profecía auto cumplida*. Pero cuando llegas a conocimiento de la verdad de ser libre, al nivel que Jesús pagó con su vida para que lo fueras, te das cuenta que no hay excusa o maldición que sea más grande que Su sangre; aquella que cubre cada una de nuestras maldiciones y que nos transformó a todos.

Lo que has hecho, lo que has visto en tu familia, lo que te han enseñado a ser o hacer, las maldiciones que se han dicho sobre ti, todo lo que el enemigo ha hecho para poner un techo sobre tu progreso a través de sistemas de creencias y la maldición de la conciencia, pueden ser superados. En realidad, ya ha sido superada por la sangre de Jesús, pero tienes que poner tu contrato en lo que ya ha sido conseguido en tu nombre, para poder experimentar el movimiento de esa montaña de maldición de la conciencia de ser un *obstáculo* de tu progreso a ser un *espectáculo* del poder de Dios.

Amados, ruego que prosperéis en todas las cosas y seáis saludables, así como vuestra alma prospera.
(3 John 1:2 NKJV)

No estás maldito

Lo que crees acerca de quién eres, influye en lo que conviertes. Y el primer paso para salir de los efectos de esas mentiras, es entender y poner el contrato en el lugar que le corresponde y entender que no los aceptas en tu vida. 3 Juan 1:2 dice que tu salud y tu prosperidad externa tiene lugar cuando tu alma prospera. Lo que sucede internamente, sucede externamente y moldea la realidad que experimentas.

No estás maldito, no te desenvuelves bajo una maldición, no estás atado a estar maldito y no eres definido por una maldición.

Eres amado por Dios y llamado de acuerdo a Su propósito. Fuiste creado maravillosamente y hecho completamente nuevo. No hay condena o acusación contra ti, porque eres hijo del Dios que creó el universo.

Apocalipsis 12:11 dice: "Ellos vencieron por la sangre del Cordero, y por la palabra de su testimonio" (RV). Es el sacrificio de Jesús (la sangre del Cordero) la que te libera de todas las obras del diablo y es tu declaración de fe (palabra de tu testimonio que testifica su verdad) la que te permite experimentar el poder de la libertad ilimitada y el potencial que Dios creó para ti.

Aaron D. Davis

No estés contento por operar por debajo de lo que Dios dice que eres y el gran precio que Cristo pagó por ti. Pide a Dios que te dé fuerza y sabiduría para ser capaz de ver los comportamientos, actitudes y sistemas de creencias que no son dignos de Dios. Fija tu contrato en lo que Dios dice que eres. Cuando esos comportamientos se muestren, declara que Jesús te ha liberado de las palabras negativas, maldiciones, actitudes, acciones y contratos que han influenciado tu realidad actual. Libera tu fe para ser más de lo que jamás creíste que serías y hazte libre de las maldiciones.

Porque todo lo puedo, en Cristo que me fortalece.
(Filipenses 4:13 NLT)

La palabra *todo* en este versículo, traducido del texto original significa ¡todo!

Parte IV

¿Dónde estás ahora?

Hasta aquí hemos discutido quién es Dios, quién eres tú y dónde has estado. Has sido expuesto a las inconsistencias entre lo que dice la Biblia acerca de estos temas y lo que has experimentado personalmente. Entonces ¿qué necesitas entender para impactar tu ahora y continuar experimentando la libertad, poder y potencial sin límites que Dios ha creado para tu mañana?

En la parte IV vamos a hablar alguno de los más grandes obstáculos para tu libertad y desarrollar un plan de juego para que puedas implementarlos hoy y confrontarlos directamente. Puedes experimentar una vida *sin límites*, libre de la opresión de las barreras.

Capítulo 22

Golpeando marionetas

En este punto del libro, debe haber una revelación a punto de tomar lugar, en la que serás capaz de ver los asuntos en los que el enemigo (el titiritero) ha usado para manipularte. Por supuesto ha habido muchos colaboradores en experiencias pasadas, al igual que en experiencias actuales, pero no todos lo que has experimentado ha sido necesariamente lo que parece.

Sí, fue una persona la que hizo lo que hizo, pero cuando ves a los demás a través de los cristales del carácter físico, cómo procesas el razonamiento detrás de lo ocurrido puede ser confuso si, por alguna razón, tus cristales físicos pueden interpretar sólo una realidad parcial, debido a que el plano físico es solo una parte del gran panorama.

Todos estamos combatiendo a un enemigo común, y fallar al reconocerlo no limita los efectos de su ataque. De hecho, se esfuerza para que no le reconozcas. La ignorancia en esta área puede ser un área donde lo que no conoces, te puede matar.

La Biblia nos dice en Efesios 6:12 que, aunque nuestras batallas parezcan físicas, la pelea contra los enemigos demoníacos que existen en otras dimensiones tiene lugar en el plano espiritual, pero influye directamente en lo que sucede en nuestras vidas físicas. Dentro del proceso de esta realidad espiritual, es vital reconocer que las barreras establecidas en la vida de los demás también influye en sus comportamientos, de manera tal que sus problemas terminan impactando en tu realidad actual.

Así que sí, fue tu madre, tu padre, tu maestro, tu amigo, tu esposo o tu esposa quienes te lastimaron, pero procesando esto fuera del aspecto físico, pregúntate: "¿Es posible que sus acciones fueran influenciadas por sus propias barreras y el titiritero espiritual?"

Por ejemplo: Creo que mi abuelo amaba a su familia. Estoy convencido de que, si alguien hubiese llegado a su casa para lastimar a algunos de sus hijos, habría luchado a muerte para protegerles. Aun así, a pesar del amor que tenía por sus hijos, operaba de maneras abusivas con ellos, que podrían ser consideradas altamente disfuncionales.

El experimentó una vida difícil mientras crecía. Fue impactado por su madre, quien también sufrió de abusos y luchó con sus propios demonios, que probablemente influyeron en sus acciones y la llevaron a ser terriblemente abusiva, en ocasiones, con mi abuelo, lo que llevó a abandonarlo.

Estas acciones de mi bisabuela tuvieron un impacto significativo en mi abuelo. Se establecieron inseguridades en mi abuelo debido al abuso que experimentó. Luchó para ser amado. Probablemente luchó con sentimientos de insuficiencia, y estoy bastante seguro de que compensó excesivamente estas inseguridades construyendo muros que no permitieran que otros le lastimaran.

Él era un hombre muy fuerte. Al analizar su comportamiento, quizás haya aprendido que, entre su tamaño, fuerza y temperamento, podía manipular y controlar situaciones que, siendo niño, le habrían hecho sentirse fuera de control. A pesar de que tenía mucho amor, había otro lado que fue influenciado y controlado por las cuerdas de las barreras de maldad arraigadas en sus dolores de la infancia. Como resultado, resultó ser abusivo con su familia y tomaba decisiones disfuncionales que ocasionaban dolor a los demás.

¿Debo culpar a mi abuelo? Sí. En gran medida, es culpable de sus acciones y de sus decisiones. Pero reconocer desde un punto de vista bíblico que nuestra pelea no es contra lo físico, no cambia el hecho de que hubo un catalizador espiritual, un titiritero que trabajó por detrás para influenciar la cultura y la dinámica de la familia Davis. Y mi abuelo quizás nunca estuvo totalmente consciente de este catalizador espiritual.

No es que mi abuelo no tuviera una relación con Jesús, de

hecho, la tenía; pero no creo que alguien le haya enseñado cómo cortar las cuerdas de las barreras en su vida. Como resultado, la falta de conocimiento pudo haber fortalecido su pobre comportamiento.

Escoge un cambio

Mi abuelo aprendió a comportarse y tal vez a sobrevivir a través de eventos en su vida que terminaron por influir en sus hijos e incluso en los hijos de sus hijos. Mi padre fue criado por su padre para acoger la barrera de la ira y la rabia. Mi abuelo enseñó a mi papá lo único que sabía que era ser violento y alimentar la rabia. Pero varios años después de mi llegada, mi padre tomó la decisión de cambiar ese legado. Inicialmente, hasta que yo tuve alrededor de siete u ocho años, mi padre me enseñó algunos de los "hábitos familiares." Pero luego decidió que no me educaría con la misma rabia disfuncional con la que él había crecido. Reconociendo los efectos a largo plazo vinculados a esos comportamientos, decidió que no iba a someterme a las mismas malas influencias espirituales con las que él y su padre lucharon toda su vida. Y comenzó a educarme de otra manera. Todavía recuerdo hoy que mi padre me sentó y me explicó que estaba equivocado y que iba a hacer las cosas de manera diferente conmigo.

Mi padre determinó que no iba a ser yo quién peleara con sus demonios y se arrepintió (recuerda que el arrepentimiento significa "cambiar la mentalidad"). Aprendió a ser diferente, a llevar a Cristo en su mente, poner su contrato en la Palabra de Dios y, como consecuencia, enseñarme a mí, su hijo, a pensar y responder diferente.

Puedo decir con seguridad que, aunque he tenido mis propias luchas con la rabia y la ira, no llegué a luchar con ellas en la misma escala que mi padre o su padre. Ciertamente he tenido una guerra con ellas y el enemigo me dio la oportunidad de acoger y alimentar esta influencia familiar en el transcurso de mi vida, pero esto es significativamente menos con relación a lo que sufrieron mi abuelo y mi padre.

Debido a la elección de mi padre de arrepentirse y actuar ante el trabajo de las fuerzas espirituales en nuestra familia, puedo ver a mi hijo y a los dos hijos de mi hermana y no contemplo nada que me recuerde a la disfunción espiritual de su bisabuelo. Nuestros hijos y sus hijos tendrán sus propias batallas emocionales, pero al menos no tienen que pelear contra las que peleó nuestro abuelo.

Admítelo, déjalo, asúmelo

Hay mucho que ganar desde esta perspectiva. Cuando aprendes a ver las cuerdas espirituales que influyen en tus acciones, podrás aprender a combatir la situación al pelear contra el titiritero en lugar de convertirte en un títere ignorante de la situación.

Quizás hayas sido el títere. Quizás hayas desarrollado barreras en tu vida basadas en la influencia negativa de otros títeres que hayan sido controlados por las cuerdas de sus propias barreras. Puedes aprender a ver a la gente (incluido a ti mismo), sus acciones y lo que les influencia, con tan sólo analizar lo que son y, en ese punto, podrás comenzar a luchar contra el verdadero enemigo con un impacto duradero.

¿Qué mentiras te ha vendido el enemigo, tanto a ti como a tu familia? ¿Qué comportamientos o creencias se han convertido en cuerdas que terminan moldeando tu realidad (tal vez por generaciones)? ¿Qué cosas fuera de lo que Dios quiere para tu vida has conectado a tu contrato y permitido que se establezcan e incluso se desarrollen? ¿Estás dispuesto a seguir conectado a esas cuerdas? ¿Estás contento de que esas cadenas sean transferidas a tus hijos o a tus nietos?

Hoy es un nuevo día y lo que hagas hoy influirá en tu mañana. ¿Qué vas a decidir? La libertad comienza con cambiar tu mente acerca de si estas cosas son aceptables y luego determinar que no volverán a establecerse y desarrollarse mientras estés alerta.

A medida que avancemos, nos referiremos a la autoridad del Creyente, para hablar de estas barreras en nuestras vidas y nuestras familias. Y comenzaremos a cortar algunas cuerdas.

Capítulo 23

Alistarse para la batalla

Puedo recordar cuando el teniente gritaba las palabras "¡Alistarse!", cuando surgía una emergencia y llamaban al equipo SWAT. En ese momento, nos quitábamos nuestra ropa corriente (como detective siempre llevaba traje y corbata) y nos vestíamos de pantalones y camisas negras, rodilleras, botas de combate, chalecos antibalas, cinturones especiales para cargar equipo adicional (como gas pimienta y cartuchos adicionales), cascos Kevlar, máscaras antigás y ametralladoras MP5.

Entrenábamos como una unidad, nos vestíamos como una unidad y operábamos como una unidad. Cada uno de nosotros estaba equipado para entrar en combate y, de ser necesario, eliminar la amenaza. El departamento se aseguraba de que tuviéramos el mejor equipo para preservar nuestras vidas y defender las vidas de que aquellos a quienes debíamos proteger y cada pieza de ese equipo cumplí un propósito específico que nos permitía funcionar, contribuir y ganar como equipo, para derrotar al enemigo.

Ponte el escudo de Dios

En el capítulo anterior mencionamos lo que dice la Biblia en Efesios 6:12 acerca de quién es nuestro enemigo. Si lees los versículos 11-18 en ese capítulo, verás que cuando te enfrentas a un enemigo, Dios nos brinda un escudo espiritual, que contribuirá a nuestro éxito en las batallas que enfrentamos.

Sin Límites

*Ponte el escudo de Dios para que puedas mantenerte firme
contra todas las estrategias del diablo.*
(Efesios 6:11 NLT)

La Biblia dice aquí que tienes que ponértelo todo. Cada pieza tiene un propósito para tratar de derrotar a un enemigo espiritual que influye en muchas facetas de nuestra existencia física para que te mantengas firme en la batalla. No incluir una pieza de ese escudo deja un área descubierta y vulnerable ante al ataque.

*Manténganse firmes, con el cinturón de la verdad y el escudo
de la justicia de Dios. Como zapatos, poned la paz que viene de las
Buenas Nuevas para que estéis completamente preparados. Además
de todo esto, sostengan el escudo de la fe para detener las ardientes
flechas del diablo. Usen la salvación como casco y tomen la espada
del Espíritu, que es la palabra de Dios. Oren en el Espíritu en todo
momento y en cada ocasión. Manténgase alerta y sean persistentes
en las oraciones para los creyentes en todas partes.*
(Efesios 6:14–18 NLT)

Desglosando

El versículo 14 nos dice que nos pongamos el cinturón de la verdad y el escudo de la justicia de Dios. En los capítulos anteriores hemos hablado sobre la importancia de ver la verdad de quién eres ante los ojos de Cristo y cómo eres justo antes los ojos de Dios. Vemos en el versículo 14 que este entendimiento se convierte en un arma de defensa contra un enemigo engañoso.

El versículo 15 dice que te pongas los zapatos de la paz. Tus pies son tus bases. So no entiendes la verdad de la justicia en el versículo 14, entonces no tendrás la paz que se encuentra en el versículo 15 a través de la gracia y el amor de Dios (las buenas nuevas). Y luego, en tiempos de batalla, te encontrarás con una preparación inestable.

El versículo 16 dice que te protejas con el escudo de la verdad, que te protegerá de las flechas enviadas por el enemigo para matarte y destruirte. Como hemos dicho frecuentemente en capítulos anteriores, tus creencias marcan la forma en la que respondes. No tienes que decirme lo que crees, ya que tus acciones lo mostrarán.

En tiempos de combate directo con tu enemigo, lo que crees acerca de la verdad, la justicia (versículo 14) y la paz que viene como resultado (versículo 15), es lo que, en última instancia, te da fuerza para mantenerte intacto y evitar que seas alcanzado por las flechas que el enemigo envía para destruirte.

¿**Ves cómo lo que** *piensas* **influye directamente en lo que** *crees* **y, consecuentemente, en lo que** *recibes*?

El versículo 17 nos dice que la salvación (la cual está solidificada por la gracia a través de la fe, de acuerdo a Efesios 2:8-9) es nuestro casco y nos protege nuestra cabeza (que decide lo que creemos y controla el resto de nuestras acciones) y cómo la Palabra de Dios se convierte en nuestra arma defensiva y ofensiva de doble filo, para atacar y evitar el ataque de nuestro enemigo.

El versículo 18 dice que sigas todas esas instrucciones y te mantengas vigilante. Reza para poder ver el avance. Hacemos esto con toda la intencionalidad. Somos conscientes de que hay un enemigo que quiere derrotarnos y que tiene un plan para nuestra destrucción. Nos miente e intenta convencernos de hacer o creer que Dios no es bueno con nosotros. En estos momentos utilizamos la autoridad que Dios nos ha dado, equipados con Su escudo.

Cuando creemos y practicamos la fe hacia lo que Dios dice que es (y lo que dice que somos), nos equipamos con la artillería necesaria para luchar y derrotar a nuestro enemigo espiritual, en cualquier forma física que sus títeres tomen. Luego, cubiertos por el escudo de Dios, tus oraciones y declaraciones son infundidas con contrato y fe y las montañas de la oposición en tu vida, comienzan a moverse.

En Santiago 2:19, la Biblia dice que la fe no se define por creer que hay un Dios, porque incluso los demonios creen que hay un Dios. Por el contrario, la fe verdadera, de acuerdo a ese capítulo, se define por lo que haces. En otras palabras, tus acciones revelan lo que crees.

En Hebreos 1:16, la Biblia también dice que sin la fe es imposible complacer a Dios (o complacerle completamente). Por lo tanto, parece que nuestra intencionalidad de poner un contrato con la Palabra de Dios, es un aspecto esencial de extender y exhibir la fe, cuando se trata de combatir los principados y poderes que vienen para robar, matar y destruir en tu vida.

Estas escrituras hacen que parezca que muchas de nuestras derrotas espirituales han estado directamente conectadas lo que no sabíamos como resultado de no creer (o creer erróneamente). Y quizás, es por esto que la Biblia en Oseas 4:6, "Mi gente está destruida por falta de conocimiento" (la interpretación de KJV dice falta de visión).

Quizás el teniente está gritando "alistarse", para que nos equipemos con el escudo de Dios, porque es tiempo de derrotar al enemigo, mientras estamos protegidos y fortalecidos con la artillería que Dios nos otorgado.

Capítulo 24

No debes caminar con miedo nunca más

En las secciones anteriores y sus capítulos correspondientes, hemos discutido quién es Dios, quienes somos nosotros, dónde hemos estado y ahora estamos aprendiendo dónde estamos. En este punto, es probable que comiences a entender que el enemigo haya establecido barreras en tu vida, para controlarte y evitar que te conviertes en lo que Dios pretende que seas. Él ha convencido a muchos creyentes alrededor del mundo a creer en su mentira y a darle poder.

He notado que una de las armas principales que el diablo utiliza para atacar a los creyentes es la barrera del miedo. Yo he peleado activamente contra esta barrera. Cuando era niño tenía miedo de todo. Miedo a la oscuridad, miedo a que ocurrieran cosas malas a miembros de mi familia, miedo a contraer alguna enfermedad, miedo a la confrontación, miedo a estar cerca de la gente. Incluso temblaba cuando el profesor le gritaba a otro niño. El miedo me atormentaba y me avergonzaba lo miedoso que podía llegar a ser.

Mi hermana es dos años más joven que yo y puedo recordar, a mis 10 u 11 años, cuando iba al parque de atracciones y lloraba aterrorizado ante la idea de subir a una montaña rusa que ella quería montar. En otra ocasión, en sexto grado, me enfrenté a un estudiante que me había amenazado a golpearme. Aún puedo recordar el sentimiento de estar sentado en clases, temblando y llorando de miedo, mientras los otros estudiantes me veían.

Odiaba tener miedo porque me hacía sentir débil. Así que,

cuando era adolescente, decidí hacer las cosas que temía, hasta que dejara de temerles. Me subí a las montañas rusas, apagaba las luces, me uní al club de drama y hablé frente a un montón de personas. Luego me hice voluntario a predicar en la iglesia y, eventualmente, logré controlar el miedo. No dejé de sentir miedo ni dejó de mostrarse en algún que otro evento en mi vida. Simplemente no dejé que manipulara mis decisiones.

El miedo fue una barrera impuesta por el diablo para tratar de mantenerme alejado de mi potencial y, probablemente, ha sido impuesto en tu vida por la misma razón.

El miedo es la raíz

El miedo es, a menudo, la raíz de otras barreras. Por ejemplo, debido a que le temes a lo que otros piensan, quizás tu autoestima se vea afectada y dé paso a inseguridades. Desde el punto de vista de la inseguridad, se establecen muchos mecanismos de protección (como el abuso de albohol, uso de drogas y alimentación emocional) o mecanismos de protección (como muros emocionales, asuntos de control o incluso apegos malsanos). Desde esos lugares, cualquier número de patrones de conducta disfuncional pueden desarrollarse para llenar los vacíos creados, todo a raíz del miedo.

El miedo es el indicador de que lo que crees a nivel del corazón, no está en completo acuerdo con la Palabra de Dios. Tus enemigos usan el miedo en tu contra para destruirte y es probablemente el enemigo número uno de la fe en Dios, porque es difícil (no imposible) caminar con la Palabra de Dios, mientras se tiene miedo.

El miedo que sentimos es, con frecuencia, producto de una creencia (o fe) que hemos tenido en algo que no es la Palabra de Dios. Por ejemplo, si Dios dice que eres amado y favorecido por Él, y llamado de acuerdo a sus propósitos, pero sientes constantemente una necesidad de ser mejor, para impresionar y ser aceptado por la gente, o te preocupa lograr el éxito en la vida; es muy probable que creas más en la mentira que te vende el diablo que la verdad que Dios tiene preparada para ti.

La Biblia dice que el Rey David fue un hombre conforme al propio corazón de Dios. David abusó de su autoridad, cometió adulterio y luego ordenó que asesinarán al marido de la mujer con la que había dormido. David lo arruinó todo, más que cualquier cosa que nosotros hayamos hecho. Si lo etiquetáramos por sus pecados, llegaría a usar varias letras escarlatas. Su ejemplo debería darnos esperanza, ya que Dios acogió a David cuando volvió su corazón nuevamente hacia Él. Dios aún estaba dispuesto a definirlo como un hombre conforme al propio corazón de Dios.

David tuvo una fe en Dios que lo diferenció de otros y creo que, debido a su fe, fue capaz de conseguir tanto y ser venerado como el mejor rey en la historia de Israel.

La manera en la que el Rey David, un hombre que afrontó muchas batallas peligrosas, vio a la vida y a las circunstancias, se puede ver, en sus propias palabras, en el Salmo 27.

> *El SEÑOR es mi luz y mi salvación; ¿A quién temeré?*
> *El SEÑOR es la fortaleza de mi vida; ¿De quién voy a tener miedo? "*
> (v. 1 KJV)

No es probable que David nunca haya sentido miedo. De hecho, algunos de los salmos que escribió indican que lo sentía, pero luego se animaba con palabras que afirmaban lo que Dios era para él, a pesar de las circunstancias.

MIEDO: Enfrenta todo y levántate (*Face Everything and Rise*)

Hace poco oí a un ministro decir que el miedo (fear en inglés) puede ser un acrónimo para dos cosas:

> Olvida todo y corre *(Forget Everything and Run)*
> o
> Enfrenta todo y levántate *(Face Everything and Rise)*

El enfoque puede alimentar el miedo o puede alimentar la fe. Debido a que David era consciente de quién era Dios en su vida, se enfocó en la presencia del Señor y no caminó con miedo. Cuando oyó al gigante Goliat, que atemorizaba a los corazones de toda una nación de guerreros, burlaba y desafiaba al pueblo escogido por el

Señor, preguntó: "¿Quién hace este filisteo que no tiene pacto con Dios, creer que puede venir contra el pueblo de Dios?"

Al igual que hace con muchos de nosotros, Satanás usó algo (en este caso a Goliat) para causar temor al burlarse de los hijos de Israel e intentar evitar que alcanzaran la victoria que era suya por herencia, porque estaban en alianza con Dios hasta que un guerrero Que conocía a su Dios y sabía quién era como un hijo de Dios se levantó en la fe contra él.

El diablo tiene un propósito para atacarte con miedo. Lo ha puesto allí para mantenerte alejado de tu destino y crear un techo en tu progreso. Él sabe que, si crees una mentira antes de equiparte con el escudo de Dios, él tendrá la fortaleza de robarte todo lo que Dios tiene preparado para ti.

Dios no te ha dado un espíritu de miedo. El miedo no es el fruto producido por Su Espíritu. De hecho, la Biblia te ordena que "no se turbe tu corazón" (Juan 14:1, 14:27 KJV) y que no le dejes tener miedo. Está escrito como si fuera una opción y es porque así es.

No temas porque yo estoy con vosotros;
No te desanimes, porque yo soy tu Dios.
Yo te fortaleceré,
Sí te ayudaré,
Yo te sostendré con mi diestra.
(Isaías 41:10 NVI)

La Biblia dice que "el amor perfecto expulsa todo temor" (1 Juan 4:18). No hay amor más perfecto que el amor que Dios siente por ti. Puedes confiar en Él con todo tu corazón. Dios es fiel. Dirige tu enfoque como lo hizo David. ¡Siéntete fortalecido por el Espíritu Santo del Dios que creó el universo! Permite que ese enfoque alimente tu fe para que seas más de lo que alguna vez has sido y comienza a tomar medidas para convertirte en todo lo que Dios pretende que seas.

Ya no tienes que caminar con miedo nunca más.

Capítulo 25

El fruto es un derivado

El fruto es un derivado orgánico del árbol que la produce. Un árbol de naranjas saludable, plantado en el suelo y el ambiente adecuado, recibiendo la nutrición adecuada con luz del sol y agua, sin recibir infección de bichos, parásitos o enfermedades que le puedan robar la nutrición o devoren la fruta; producirá el fruto sin ningún esfuerzo.

Pero para tener una cosecha sana, hay que seguir un proceso natural. Traslada el árbol desde una arboleda de naranjas de Florida a un huerto de manzanas en Michigan y permanecerá estéril. Los manzanos alrededor de él florecerán y producirán manzanas enormes, brillantes, rojas, pero la naranja se encogerá y morirá. La razón es sencilla. El árbol tiene que ser plantado en el ambiente para el cual fue creado o el fruto no crecerá.

Como pastor de ministerio por más de veinte años, he encontrado que una gran cantidad de personas que buscan algo en sus vidas, en realidad buscan una de tres cosas (o tal vez una combinación de ellas) y hacen lo que sea necesario para conseguirlo. Esas tres cosas son amor, alegría y paz.

Cuando no consiguen amor y alegría, encuentran paz al fondo de la botella. Cuando no tienen paz, lo compensan con amor en una nueva relación o en la afirmación de alguien que les hace sentir bien. Si convierte en un círculo vicioso porque no tener una de las cosas puede convertirse en una espiral de incapacidad de experimentar a los demás. No es que las frutas del Espíritu no sean alcanzables. Creo que los seres humanos fueron creados para experimentarse. El problema yace en la búsqueda de estos frutos en los huertos donde no pueden producirse de manera natural.

La Biblia dice esto acerca de los frutos producidos en la vida de los creyentes cuando el Espíritu Santo reside dentro de Él:

Los frutos del Espíritu

> *Pero el fruto del Espíritu [el resultado de Su presencia dentro de nosotros] es el amor [la preocupación desinteresada por los demás], la alegría, la paz [interna], la paciencia [no la capacidad de esperar, sino cómo actuamos mientras esperamos], Fidelidad, gentileza, autocontrol.*
> *Contra tales cosas no hay ley.*
> (Gálatas 5:22-23 AMP)

Yo creo que el hombre siempre ha tenido la intención de experimentar, andar y producir el fruto del Espíritu Santo en su vida, porque ha sido creado para tener una relación personal e íntima con Dios y siempre tuvo la intención de sostener esa relación. Los primeros tres frutos que mencionamos anteriormente son también las tres cosas que la gente siente que se pierden en una relación íntima con Dios.

Aunque el primer paso para experimentar estos frutos es la conexión con Dios, muchos creyentes luchan para que estos frutos se produzcan en sus vidas. Luego, la pregunta emerge naturalmente, *¿Por qué estoy luchando?*

Tú no ves a un árbol de naranjas luchando para producir frutos. Sin embargo, esta es la experiencia que muchos creyentes describen cuando tratan de producir los frutos del Espíritu. En estas circunstancias hay dos candidatos que evitan que la fruta se produzca.

La primera es nutrición. Sin luz del sol o agua, ninguna planta puede producir el fruto que se supone debería producir. Aquellos creyentes que han luchado para producir el fruto que debería ser producido de manera orgánica y sin esfuerzo, deberían preguntarse *¿Estoy o no estoy alimentando a mi ser espiritual con la comida adecuada?*

¿Estás llenando tu mente y espíritu con basura (pasas tiempo viendo, escuchando y leyendo cosas que no contribuyen a tu crecimiento espiritual) y descuidas la nutrición esencial que se puede encontrar al pasar tiempo con Dios en la oración y el desarrollo espiritual? ¿Estás leyendo la Biblia? ¿Estás leyendo algún libro que te desafíe a experimentar una comprensión más profunda de Dios y Su Palabra? ¿Estás asistiendo a la iglesia o escuchando alguna enseñanza que ayude a que tu espíritu se fortalezca? ¿O tu espíritu está muriendo de hambre y no experimenta el fruto de una relación equilibrada con Dios?

El segundo factor que puede influenciar el desarrollo del fruto espiritual en tu vida y evitando que encuentres el amor, la alegría y la paz que Dios pretende que consigas de manera orgánica como fruto de Su espíritu, es algo que llamaremos bichos, parásitos y enfermedad. Estos son factores externos que frecuentemente se muestran como barreras que hemos discutido a lo largo de este libro (temores, inseguridades, adicciones, decisiones habituales poco saludables, patrones de pensamiento negativo, etc., ligados a eventos que han limitado el crecimiento espiritual en nuestras vidas). Con el tiempo se han infiltrado en tu experiencia, de manera que has aprendido a tolerarlas y a vivir con la incomodidad que ellas causan.

> *Los conoceréis por sus frutos. ¿Recogen los hombres uvas de los arbustos espinosos o higos de los cardos? Aun así, todo buen árbol da buen fruto, pero el árbol malo da malos frutos. Un buen árbol no puede llevar un fruto malo, ni un árbol malo puede dar buen fruto. Por tanto, por sus frutos los conoceréis.*
> (Mateo 7:16–20 NKJV)

El versículo 20 es más una cuestión de simple observación que un juicio de lo bueno y lo malo.

Cuando fuiste hecho vivo en Cristo, todas las cosas se hicieron nuevas. No sólo pretende que experimentes los frutos del Espíritu, experimentarlos no debe ser difícil o extenuante. Si lo es, entonces la producción de frutas es un indicador de que algo está fuera de alineación y necesita ser abordado para que haya una resolución.

Sin Límites

Eres quien Dios dice que eres. Sus promesas están destinadas a ser cumplidas en tu vida. Los frutos del Espíritu son parte de tu herencia como creyente y el primer paso para experimentarlos en tu vida cotidiana es llegar a un lugar de entendimiento al que se supone que debes llegar.

¡**Fuiste creado para más**! Puedes y experimentarás más, mientras que el conocimiento que obtengas abra las puertas a la libertad ilimitada y potencial que Dios creó para ti.

Capítulo 26

Lo que sucede en la mente, sucederá con el tiempo

Mi hijo viene a mi casi a diario a decirme "Papá, tuve este extraño pensamiento hoy..." Definitivamente es mi hijo. Puedo decir con toda seguridad que si la gente supiera todas las cosas raras que vienen a mi cabeza, probablemente cuestionarían mi juicio. Algunas veces me río por lo raro que pueden llegar a ser mis pensamientos.

No es pecado tener pensamientos alejados a Dios o sin fe. El diablo se asegurará de plantar toneladas de ellos en tu imaginación, con la esperanza que medites acerca de estos pensamientos. El pecado no está presente en el pensamiento inicial, el pecado está en lo que haces con ese pensamiento.

Cuando enseño mis clases de Experimentar la Libertad, enseño este ejemplo. No es pecado para un hombre ver a una mujer en patines y pensar Vaya, ¡qué hermosa! Pero si vuelve a dar vueltas por la calle para obtener una mirada más detallada de las curvas de la chica, está parado en el borde de una pendiente resbaladiza.

Como creyente que busca complacer a Dios, puedo decir con toda confianza que el diablo hará lo que sea para que pienses y medites en cualquier pensamiento poco saludable con el que pueda llamar tu atención. Para algunos serán pensamientos de inutilidad, para otros serán pensamientos lujuriosos, otros contemplarán la violencia con la que responderán si alguien vuelve a ofenderles con palabras o acciones.

Estos son pensamientos poco saludables diseñados para

hacerte imaginar, meditar y distraerte por todo aquello que es contrario a la Palabra de Dios. El diablo sabe que lo que pasa en la mente sucederá con el tiempo y mientras más te veas en un escenario mental, más probabilidad hay que respondas de la manera que has imaginado, cuando el momento actuar llegue en la realidad. Nadie va al trabajo un día y se acuesta accidentalmente con su secretaria. Si entrenas a tu cuerpo y alma de antemano para hacer lo que has imaginado una y otra vez, cuando llegue el momento, necesitarás pensar muy poco para que la acción o mentalidad negativa que el enemigo ha estado preparando, se lleve a cabo.

Muchas veces, la fe y la falta de creencia son cultivadas de la misma manera. La persona que fija su mente en las cosas de Dios, recurren a la fe que han construido por medio de las oraciones, pensamientos y estudios.

Pero la persona que medita con pensamientos negativos, infieles e incrédulos, ha entrenado su mente hacia el poder del mal en lugar de hacia el poder y las promesas de Dios. Luego, cuando la oposición llega, la incredulidad es todo lo que queda y se encontrará derrotado antes que la batalla empiece. Su falta de intención hacia el ejercicio e implementación de la fe, hará imposible complacer a Dios cuando llegue el momento de hacerlo.

Derrumbar los pensamientos

Porque, aunque andamos en carne, no peleamos según la carne. Porque las armas de nuestra guerra no son carnales sino poderosas en Dios para derribar fortalezas, echando abajo argumentos (pensamientos) y todo lo que se enaltece contra el conocimiento de Dios, llevando cada pensamiento en cautiverio a la obediencia de Cristo.
(2 Corintios 10:3-5 NKJV)

Como vemos en la escritura anterior, cuando vienen pensamientos que no están alineados con la Palabra de Dios, se nos enseña a derribarlos y renunciar a ellos con nuestras palabras, al declarar la verdad que la mentira intenta vendernos. La sometemos a la sumisión al rehusarnos a pensar en cosas que contradicen la Palabra de Dios.

Aaron D. Davis

Aunque el catalizador inicial que creó la barrera puede ser espiritual, las barreras viven y crecen en el alma (mente, voluntad y emociones) influenciadas por lo que creemos. Esta es la razón por la cual es esencial derribar los pensamientos que van contra el conocimiento de Dios. Después de todo, un hombre es como piensa su corazón ¿cierto?

Es imperativo que no desarrollemos sistema de creencias, mentalidad o teología pasiva, que excuse los pensamientos que nos lleven por el camino de la incredulidad. Si Dios dice que somos vencedores (1 Juan 5: 4-5) o más que conquistadores (Romanos 8: 31-39) o que podemos hacer todas las cosas en Cristo que nos fortalece (Filipenses 4:13) o que somos Amados por Él (1 Juan 4: 10-19), no nos podemos permitir, meditar o excusar pensamientos que contradicen esas Palabras de Dios que son, en última instancia, nuestras armas contra las mentiras del enemigo.

Si Dios está por nosotros, ¿quién puede estar en contra de nosotros? ¿Quién acusará a los elegidos de Dios? Es Dios quien justifica. ¿Quién es él que condena? Somos más que vencedores por medio de Aquel que nos amó.
(Romanos 8:31, 33–34, 37 NKJV)

El diablo se asegurará de que estos pensamientos negativos lleguen cuando estás hablando con Dios, u orando por alguien más, o soñando con ser lo que Dios quiere que seas. Algunos probablemente han tenido algunos pensamientos contradictorios que bombardean la mente mientras leen este libro. ¿Por qué crees que esto sucede? Es porque el diablo sabe que, si puede distraerte de la verdad, entonces no vivirás en la plenitud de ella.

Santiago 4:7 dice "sométase, pues, a Dios. Resistid al diablo, y él huirá. "Deuteronomio 28:7 dice:" Jehová hará que los enemigos que se levanten contra ti sean derrotados delante de ti; Saldrán contra ti en una dirección, pero huirán delante de ti por siete caminos "(AMP). E Isaías 59:19 dice: "Cuando el enemigo venga como un diluvio, el Espíritu de Jehová levantará un estandarte contra él" (NKJV). Cuando entran esos pensamientos infieles e incrédulos, la mejor forma de derribarlos es contradiciendo la mentira con la Palabra de Dios (que es exactamente lo que Jesús hizo cuando fue tentado por el Diablo en Mateo 4 y Lucas 4).

Transfórmate

Y no seáis conformados con este mundo, sino transformados por la renovación de vuestro entendimiento, para que demostréis cuál es la buena, agradable y perfecta voluntad de Dios.
Romanos *12: 2 (NVI)*

La Biblia dice en Romanos 12: 2: "Sed transformados por la renovación de vuestra mente." Podemos transformar por completo nuestra vida, vivir más allá de la tentación del pecado y vencer todos los ataques del enemigo al meditar las palabras y pensamientos de Dios hacia nosotros, y posteriormente renovar (reprogramar) nuestros pensamientos con sus pensamientos.

Hablamos anteriormente de que la espada del Espíritu es la Palabra de Dios. El Salmo 119:11 dice: "Tu palabra he escondido en mi corazón, para no pecar contra ti" (NKJV) y Romanos 10:8 dice que la palabra de fe está en tu corazón y en tu boca. Cuando el enemigo ataca tu mente con la mentira, necesitas hablar y declarar como Jesús hizo con la verdad de la Palabra de Dios, en voz alta.[4]

Cuando él te diga que no puedes, di en voz alta, "Puedo hacer todas las cosas en Cristo que me fortalece".

Cuando dice que eres un fracaso, dile: "¡Soy más que un conquistador por Dios que me ama!"

Cuando él dice que Dios está enojado contigo o que eres indigno, di: "Yo soy la justicia de Dios en Cristo, yo soy Su hijo, y soy amado por Él".

No siempre puedes controlar los pensamientos que vienen a ti, pero puedes controlar lo que haces con ellos. Puedes optar por derribarlos, someterlos a la autoridad de Dios y robarles su poder. Le das vida a todo tema que eliges meditar.

Satanás no es lo contrario a Dios

---

4   Para algunos ejemplos adicionales, declaraciones y confesiones, visita mi sitio web www.LimitlessSolutions.org.

Según Romanos 16:20 y Lucas 10:19, Dios aplastó a Satanás bajo los pies del creyente fortalecido. Contrario a la creencia común, el diablo no es lo contrario a Dios. Como un arcángel caído, es quizás lo contrario de Miguel o Gabriel, así que no está ni cerca de la escala y el calibre del Dios del universo cuyo Espíritu Santo reside dentro de ti y que te llena de autoridad, poder y potencial sin límites, sobre todas las obras del diablo.

Autorizas a existir todo lo que toleras. Se te ha dado el poder de exigir tu libertad. Mateo 18:18 dice: "Todo lo que atares en la tierra será atado en el cielo, y todo lo que desates en la tierra será desatado en el cielo". Muchos creyentes están esperando que Dios haga por ellos lo que Él les ha dado poder para hacer por sí mismos.

Dibuja una línea en la arena hoy. Determina lo que harás la próxima vez que el enemigo intente influir con pensamientos impíos en tus meditaciones. Las acciones revelan la naturaleza y la búsqueda es prueba del deseo. Si realmente deseas operar al máximo tu potencial y experimentar el poder ilimitado y la libertad sobre el enemigo de tu alma, implementa hoy las prácticas que quieres que se establezcan mañana. Lo que haces todos los días, se vuelve permanente.

Capítulo 27

¿Perdonar y olvidar?

Superar la falta de perdón es un aspecto esencial para ir desde dónde estás adonde quieres ir. Pero lo que en realidad significa puede ser mucho más distinto de lo que te han enseñado. Tal como dijimos en el capítulo 18 (pero vale la pena repetir para este ejemplo), la persona que inventó el dicho "si la vida te da limones, haz limonada", seguramente nunca ha tenido un limón descompuesto en sus manos.

Durante mis estudios me he encontré con una cita de un hombre muy respetado en los ministerios de libertad, acerca de la falta de perdón. Él decía (y voy a parafrasear su declaración): Si no puedes restaurar la relación que te ha generado heridas, al momento en que no había heridas de ningún tipo, entonces no has perdonado completamente a la persona que te ha ofendido.

Personalmente siento que este tipo de declaraciones son irresponsables, sino se aclaran las circunstancias en las que se puede aplicar. Como en la frase de "hacer limonada", hay algunas circunstancias que simplemente no encajan dentro de las fronteras de su perspectiva. Si estamos hablando de algún chisme de hermanos, o mi pastor diciendo algo dirigido hacia mi persona, o un miembro de la familia actuando de manera que hiere mis sentimientos; entonces sí, estoy de acuerdo e incluso aceptaría el hecho que la gran mayoría de las circunstancias en las que nos han ofendido, probablemente encajen en el recuadro de esta perspectiva.

Sin embargo, si un miembro de la familia abusa de mi hijo, ni siquiera apelaría a la sabiduría para pensar dejar a mi hijo nuevamente con ese familiar. Por el contrario, en esta situación el niño se vería mucho más afectado. Por lo tanto, no significa que estaría cayendo en falta de perdón, por no permitir que la relación se restaure a su estado anterior.

> *Así que ahora no hay condena para los que pertenecen a Cristo Jesús.*
> (Romanos 8:1 NLT)

Mucha gente procesa el tema del perdón al punto de condenar, porque en realidad no conocen el significado de perdonar. Nos han dicho que perdonemos y olvidemos, pero fallamos al reconocer que olvidar no es una característica humana. La Biblia dice que Dios olvida nuestros pecados y en algún momento concluimos que esto es lo que debemos hacer también. Pero luego sentimos que no vivimos y perdonamos como Dios siempre que aún recordemos, y luego se establecen sentimientos de condena (que, como hemos dicho en capítulos anteriores, no provienen de Dios). El hecho de recordar o que aún nos duela, no significa que no hayamos perdonado; significa que no eres humano.

A lo largo de mis años en el ministerio he visto mucha gente llegar destrozada por que leen escrituras como Mateo 6:15 o Marcos 11:26 que dice que si no perdonas a otros Dios no podrá perdonarte. Interpretan que, debido a la dificultad que experimentan cuando recuerdan que siguen sin haber perdonado, Dios no los ha perdonado. Cuando se analizan estas escrituras en el contexto adecuado, la Biblia habla de reconocer nuestros fallos en la vida y de el hecho de que Dios nos ha perdonado por todo lo que hemos hecho. Debido a que en algún momento hemos fallado y hemos sido perdonados por Dios, no debemos vernos como mejor que los demás o usar el pecado en contra de ellos de una manera como no ha sido utilizado contra nosotros.

Perdonar no es un sentimiento, sino una elección

Debido a que nos inclinamos mucho hacia nuestros

sentimientos y a lo que nos han enseñado acerca del perdón, muchos luchan con el miedo de que, debido a que aún se sienten de cierta manera acerca de un hecho, aún están lidiando con el no perdonar.

A pesar de que los sentimientos son un indicador de no perdonar, no son un indicador absoluto. Y esto es porque el perdón no es un sentimiento. El perdón es una elección.

Cuando aquellos jóvenes trataron de matarme hace unos años y me obligaron a terminar mi carrera como oficial de policía, causándome pérdidas de un millón de dólares en salarios perdidos (entre mi carrera y negocios personales), yo escogí perdonarles.

¿Cómo? ¿Por qué?

El perdón no era tanto sobre ellos como era sobre mí. Era sobre resguardar mi corazón y reconocer el impacto que tendría el no perdonar en mi vida. Mientras estuve en el hospital horas después del ataque (y mientras uno de los jóvenes estaba en otra habitación a dos puertas bajo el resguardo de oficiales de otro condado por su propia seguridad), les dije a mis compañeros de trabajo (que estaban furiosos por el ataque) que había elegido perdonarlos. No fue un sentimiento, fue una elección. Elegí hacer lo que sabía que era correcto, aun cuando estaba seriamente herido. Esto es lo que Cristo hizo en la cruz cuando dijo a Dios, "Padre, perdónalos porque no saben lo que hacen" (Lucas 23:34).

En mi caso, aunque tomé la decisión de perdonarlos, no fue una situación única. En el transcurso del año siguiente, mientras estaba en rehabilitación física por seis horas al día o en el diván del psiquiatra tratando de superar el estrés postraumático, tuve *muchas* oportunidades para elegir perdonarles otra vez. Lo hice cada vez que me venía a la mente.

Las circunstancias de todos son diferentes, y de acuerdo a mi propia experiencia, es más fácil perdonar a alguien por algo que te ocurre a nivel personal, que perdonar a alguien que haya hecho daño a alguien que amas. Mi esposa no entendía el por qué regalé Biblias a estos sujetos un par de días luego del ataque. Ella sencillamente no había llegado a ese nivel en ese momento.

El perdón comienza justo donde estás

Independientemente de cuándo seas capaz de perdonar, es vital darte cuenta que el perdón es cuestión de semana a semana, a veces de día a día, otras veces de hora a hora y en otras ocasiones de minuto a minuto. El perdón es dejar ir a la persona y al hecho, y no permitir que ocupen la mente para evitar el progreso. Lewis B. Smedes dice esto en su libro *Forgive and Forget: Healing the Hurts We Don't Deserve*: "Perdonar es liberar a un prisionero para darte cuenta que el prisionero eras tú".[5]

Piensa acerca de cuánta vida te has perdido porque no has dejado ir un hecho. Aferrarte a la ofensa y permitir que te siga victimizando, no es herir a la persona que te hizo el daño, es herirte a ti.

Escoger perdonar es tan sencillo como decir, "me rehúso a permitir que me siga hiriendo, me resisto a permitir que mis emociones sigan influenciadas por ese hecho, no voy a seguir así. Dejaré la justicia en las manos de Dios y me liberaré. Escojo el perdón y dejo ir todo".

Así que la próxima vez que recuerdes una ofensa (seguramente lo harás), déjala ir otra vez. Inicialmente, podrá ser más frecuente (especialmente si has pasado mucho tiempo sin perdonar), pero con el tiempo reprogramarás tus hábitos y la elección de perdonar será la respuesta por defecto en lugar de toda la amargura que ha robado tu paz.

---

[5] http://www.goodreads.com/quotes/166122-to-forgive-is-to-set-a-prisoner-free-and-discover.

Capítulo 28

Cuatrocientos noventa

En Mateo 18, Pedro le pregunta a Jesús, "Señor, ¿cuántas veces perdonaré al hermano o hermana que peca contra mí? ¿Hasta siete veces? "(V. 21). La respuesta de Jesús sorprende a Pedro cuando le dice que le debe perdonar setenta veces por siete (v. 22 NLT) o, en otras palabras, ¡490 veces!

El número podría haber sido un millón. Lo que Jesús dice es que debes perdonarle cada vez. En otra escritura, Jesús dice que, si llevas tu ofrenda a la iglesia, pero luego recuerdas que alguien tiene algo contra ti, debes arreglarlo primero y luego hacer tu ofrenda a Dios (Mateo 5:23-24). Entonces, ¿por qué es tan importante para Dios que no llevemos ofensas y abrigamos la falta de perdón?

La falta de perdón tiene la capacidad significativa de ahogar las bendiciones que Dios tiene para ti. Hemos hablado en otros capítulos acerca de cosechar y sembrar. Después de muchos años de estar en ministerios y ayudarles a experimentar la libertad de las barreras en sus vidas, estoy convencido de que la falta de perdón es uno de las barreras más significativas para experimentar progreso y bendiciones.

Vivir sin perdonar es como permitir que una planta agresiva viva en nuestro jardín. Cuando Jesús nos enseña a no llevar la ofrenda hasta la iglesia hasta que nuestros asuntos estén resueltos, creo que se debe a que no perdonar tiene el poder de matar a nuestra siembra en la semilla, incluso antes de que eche raíces.

La influencia que no perdonar tiene en tu alma (mente, voluntad y emociones) es difícil de cuantificar, pero cualquiera que haya tenido amargura hacia alguien en su corazón, conoce los tipos de pensamientos impíos, negativos, vengativos y perjudiciales que lo acompañan, sin mencionar cómo impacta en el estado de ánimo, depresión, ira, e incluso enfermedad física. Creo que lo que ocurre en la mente, ocurrirá con el tiempo y, si esto es verdad, nuestros pensamientos dictan lo que terminaremos experimentando y, entonces no será difícil imaginar los efectos que el no perdonar, puede tener en nuestras vidas.

Cuando escoges perdonar a alguien, no dices que lo que hicieron no esté mal. No expresa que lo apruebes. ¡Te han lastimado! Pero como hemos dicho en capítulos anteriores, cuando escoges perdonar, eliges rehusarte a aferrarte a la ofensa y permitir que continúe impactando negativamente en tu vida.

Cuando necesitas perdonarte a ti mismo

En ocasiones, la persona más difícil de perdonar, eres tú mismo. El no perdonarte puede ser identificable de acuerdo a la cantidad de culpa que tengas de tu pasado. Si hablas con alguien que haya hecho lo que tú has hecho, les dirías varias razones por las cuales sus vidas son diferentes actualmente, que Dios les ha perdonado y que necesitan permitirse ser humanos. Sin embargo, por cualquier razón, es mucho más difícil darte la misma oportunidad que dices a otros que merecen.

Ya sea hacia otra persona o hacia ti mismo, no perdonar tiene la misma capacidad de evitar que alcances lo que Dios quiere para ti. Y se resuelve de la misma manera.

Tal como mencionamos en el capítulo anterior, cuando eliges perdonar (a ti o a alguien más) escoges liberarte de la ofensa. Si tienes dificultad para perdonarte a ti mismo, cada vez que tengas pensamientos de culpabilidad o negativos, necesitas decirte a ti mismo, "He sido perdonado por Dios, escojo recibir ese perdón y me perdono a mí mismo".

En conclusión, el acto de perdonar es liberarse y dejar ir. Cuando ayudo a los demás a perdonar, les digo que digan el nombre de aquel que les hizo daño con un puño cerrado, para luego llevar ese puño en frente de ellos y abrir su mano. Este acto visual demuestra la importancia de aferrarse a algo que simplemente pueden dejar ir.

Sin Límites

Inicialmente, es posible que tengas que liberarlos (o a ti mismo) con frecuencia, pero en ocasiones tus sentimientos y emociones comienzan a alinearse con tus palabras y acciones y te encontrarás más frecuentemente en un estado de liberar las ofensas, que en un estado de aferrarte a ellas.

Jesús ha cubierto y perdonado cada pecado que has cometido. Es importante permitirte extender tu fe y llegues al contrato con lo que la Palabra de Dios dice que eres y no la imagen que el pasado ofrece de ti. ¡Eres una nueva creación!

En este punto debería ser obvio el por qué tu enemigo quiere que permanezcas atado a no perdonar. Tan pronto como la semilla del no perdonar siga creciendo en tu vida, las bendiciones que Dios tiene para ti y las puertas abiertas que pueden liberarte, seguirán fuera de tu alcance. En esencia, el no perdonar crea una muralla que bloquea el flujo de bendiciones en tu vida.

No perdonar crea un ambiente de lucha, amargura, ira y odio, que va creciendo y produce frutos.

La Biblia dice que este es el ambiente donde abunda cada obra maligna (Santiago 3:16).

Sin importar si debes perdonar a alguien más o a ti mismo, ten la intención de pedirle a Dios que te dé la fuerza para perdonar hoy mismo y toma la decisión de no aferrarte a la ofensa. Es hora de elegir perdonar y no permitir que el pasado evite ir de donde estás hoy adónde vas mañana.

Parte V

¿Adónde voy?

Dios tiene un plan para tu vida. ¡Fuiste creado para ganar y ser embajador de Su reino! Él te ha proporcionado todo lo que necesitas para combatir a tu enemigo y experimentar Su libertad, poder y potencial ilimitado, sobre las barreras y las obras del enemigo. Pero es esencial tener una visión acerca de adónde vas y a quién eres durante ese proceso.

La parte V de este libro te dará una visión más precisa de lo que significa implementar lo que hemos expuesto en las cuatro partes anteriores de este libro. Adónde vas es el mejor sitio donde has estado. El resto de tu vida será lo mejor de tu vida.

¡Ganar ya no es un objetivo lejano! ¡Ganar será una realidad!

Capítulo 29

Enséñanos a orar

Durante el curso de más de dos décadas en el ministerio, me he encontrado con personas (especialmente creyentes) que se sienten intimidados al orar. Me hacen preguntas como: "Pastor Aaron, ¿cómo puedo orar efectivamente?" Y "¿Qué pasa si mis oraciones no suenan como las de un pastor?" Se preocupan porque Dios no escuche la oración si no suena profesional.

El secreto es que no hay secreto. Yo hablo con Dios como si estuviera hablando contigo. A veces hablo mucho, a veces comparto sólo un pensamiento y escucho a ver si Él habla con mi espíritu. A veces simplemente no digo nada, pero siento que mis lágrimas hablan alto acerca de cómo me siento y sólo me siento y me enfoco en Él. No hablo con Dios en castellano perfecto (como el de la traducción antigua de la Biblia) ni pretendo ser alguien que no soy. No digo *os*, *vuestro* o cualquier otra palabra que no utilizaría en una conversación casual. Y tú no tienes por qué hacerlo tampoco.

Echar tus cuidados sobre Él

Es importante entender que Dios te creó, intencionalmente, como individuo. Él no espera que te veas, actúes o hables como alguien más. Eres único debido a que te hizo de esa manera y no tiene expectativas de que seas más de lo que eres cuando te acerques a Él. Si estás enojado, dile que lo estás. Si te han lastimado, cuéntaselo. Si te sientes agradecido, agradécele. Y si tienes miedo, hazle saber eso también. ¡Él lo entenderá! No eres la primera persona en el mundo que siente o experimenta lo que estás experimentando, y no serás la última. La Biblia dice que Dios quiere que echemos sus cuidados sobre Él porque Él cuida de ti (1 Pedro 5: 7).

En la Biblia, los discípulos lucharon porque entendían la oración como una formalidad. Los judíos (todos los discípulos lo eran) tenían un alto enfoque religioso, ritualista y formal para acercarse a Dios. Por lo tanto, cuando Jesús contradijo muchos de los ideales que la gente tenía acerca de quién era Dios y cómo se sentía acerca de ellos (basado en lo que habían aprendido previamente), les dejó algunas preguntas interesantes.

En Mateo 6, Jesús responde, con la siguiente oración, la petición del discípulo para que les enseñara a orar:

> *Ore, pues, de esta manera:*
> *"Padre nuestro que estás en los cielos,*
> *Santificado sea tu nombre.*
> *Venga tu reino,*
> *Tu voluntad será hecha*
> *En la Tierra como en el cielo.*
> *Danos hoy nuestro pan de cada día.*
> *Y perdónanos nuestras deudas, como hemos perdonado a nuestros deudores [dejando ir lo malo y el resentimiento].*
> *Y no nos lleves a la tentación, más* **líbranos del mal.** *[Porque tuyo es el reino, el poder y la gloria por siempre. Amén.]»*
> *(Vv. 9-13 AMP)*

Jesús modeló un esquema para acercarse a Dios. No tenía intención de que fueran las palabras exactas, sino más bien un formato para acercarse a Él.

- Versículo 9: "Santificado sea tu nombre": *Santificado* significa santo, honrado y respetado. En esencia, Jesús dice: "Acuérdate que te acercas al Dios santo y todopoderoso del universo. Entrad en Su presencia con un corazón de adoración."
- Versículo 10: "Venga tu reino, hágase tu voluntad en la tierra como en el cielo": Reconoce que la experiencia del reino de Dios es de suma importancia para ti y para Él, y ora para que ocurra con el entendimiento de que el reino De Dios manifestado en la tierra se vea como en el cielo, mientras

establecemos nuestro contrato en Su voluntad y Palabra.
- Versículo 11: "Danos hoy nuestro pan de cada día": Ora por lo que necesitas. Dile a Dios que lo necesitas para intervenir en tus circunstancias y que necesitas su ayuda.
- Versículo 12: "Y perdónanos nuestras deudas, como hemos perdonado a nuestros deudores [dejando ir lo malo y el resentimiento]": Tómate este tiempo para pedirle a Dios que te perdone de las cosas que pesan en tu mente y corazón y que interfieren con tus sentimientos de intimidad con Él a través de la conciencia del pecado. Ten intención de perdonar a aquellos que te han herido, de modo que la falta de perdón no continúe ahogando la plenitud de lo que Dios tiene para ti.
- Versículo 13: "Y no nos lleves a la tentación, más líbranos del mal. Porque tuyo es el reino, el poder y la gloria por siempre. Amén": Reconoce la importancia esencial de que Dios te guíe y ordene tus pasos. Pídele al Espíritu Santo que te guíe, te dirija y te proteja de cualquier plan o ataque del enemigo que se proponga robar, matar y destruir. ¡Porque Su reino y poder eternos se manifiestan en tu vida por Su gloria y para cumplir Sus deseos por nosotros, Sus hijos a quienes ama!

Como ejemplo, esto es lo que una breve oración podría parecer, de acuerdo con este formato:

- Versículo 9: *Dios, eres impresionante y reconozco que sin ti estoy perdido.*
- Versículo 10: *Hoy rezo para que abras puertas en mi vida, para implementar y llevar Tu voluntad y reino a aquellos que no lo conocen y para que pueda ser instrumento de Tu gracia y amor, para que puedan experimentar la libertad del reino de la oscuridad que gobierna en sus vidas, a una escala que sólo el reino de los cielos puede brindarles.*
- Versículo 11: *Señor, tú sabes lo que estoy pasando. Sabes que me duele. Tú conoces mi dolor. Conoces mis necesidades. Tú conoces el deseo de mi corazón. En estas circunstancias, te*

pido que intervengas con Tu fuerte poder.
- Versículo 12: *Perdóname las cosas que he hecho que no han honrado nuestra relación, y elijo perdonar a aquellos que también han deshonrado mi relación con ellos.*
- Versículo 13: *Protégeme a mí y a mi familia de cualquier ataque del enemigo. Reconozco que solo Tú, Tu gracia y amor por mí, me dan poder para ser Tu embajador, y pido que Tu gloria sea exhibida a través de mí en todo lugar al que voy. Amén.*

Lo más importante no son las palabras que rezas sino la intención de orar y este formato puede ayudarte a abordar algunos puntos importantes.

Como ya sabes, cualquier relación se construye sobre la base de la comunicación. La oración es nuestra comunicación con Dios. Ten la intención de hablar con Él. No te preocupes por cómo suena. Sólo sé tú y él estará bien con eso. Él está esperando por ti.

Capítulo 30

Cree que lo recibirás

En el capítulo anterior nos referimos a la Oración al Padre Nuestro de Mateo 6. Hice un estudio extenso sobre este pasaje hace unos años y descubrí algo muy interesante. Al interpretar el texto griego y compararlo con el idioma arameo con el que Jesús hablaba con sus discípulos, hay información adicional que se refiere a Dios y Su proximidad con nosotros.

En las palabras iniciales de la Oración del Padre Nuestro, Jesús dice: "Padre nuestro que estás en los cielos, santificado sea tu nombre". El texto original interpretado completamente añade: "Dios mío, Tú eres mi provisión y estás tan cerca como el aire que respiro. Me detengo y me doy cuenta de ti."

El poder de estas palabras me da escalofríos. Dios está tan cerca como el aire que respiras. No está en una galaxia lejana viéndonos a través de una especie de telescopio; Él está contigo y a tu lado todo el tiempo. Cuando rezas, no estás rezando a un Dios lejano al otro lado del universo; estás hablando con un Dios que está sentado en la cama junto a ti.

No tienes que gritar para llamar Su atención. El escucha el susurro casi silencioso y ve el dolor de tus ojos. No sirves a un Dios intocable o alejado de ti. Al contrario, la única cosa que les separa es tu capacidad de verle con tus ojos físicos.

La verdad es que estás rodeado de Él. Como el aire que respiras, estás inmerso en Él, y cuando tomas conciencia de su presencia y te comunicas con Él, Sus palabras toman vida y resuenan en tu espíritu.

Aaron D. Davis

Entender esta proximidad personal con el Dios amoroso del universo, ha hecho algo extraordinario para alentar mi fe. Me sorprende el hecho de que Él esté intrínsecamente involucrado conmigo. La Biblia dice que Él está tan involucrado con nosotros, que conoce el número de cabellos que tenemos (Mateo 10:30).

Ahora cuando leo las escrituras que dicen que Él nunca me abandonará (Deuteronomio 31:6), puedo visualizar algo mucho más íntimo y personal. Él no es un Dios que sólo experimentaré en el cielo en un futuro; Él está conmigo ahora mismo. Y está viendo esto que estás leyendo por encima de tu hombro.

Cuando Él dice que escucha y responde tus oraciones, no lo hace desde años luz de distancia. Desde esta perspectiva, las siguientes escrituras cobran vida en maneras más reales y tangibles.

> *Les aseguro y les digo, solemnemente, que cualquiera que diga a esta montaña: "¡Levántate y arrójate al mar!" Y no tenga duda en su corazón [en el poder ilimitado de Dios], sino que crea que lo que dice va a tener lugar, se hará por él [de acuerdo con la voluntad de Dios]. Por eso les digo que todo lo que pidan en oración [conforme a la voluntad de Dios], crean [confiando en ustedes] que lo han recibido, y les será dado.*
> (Marcos 11:23-24 AMP)

> *Sigue pidiendo y recibirás lo que pides. Sigue buscando y lo encontrarás. Sigue llamando y se abrirá la puerta.*
> (Mateo 7:7 NLT)

> *Puedes orar por cualquier cosa, y si tienes fe, lo recibirás.*
> (Mateo 21:22 NLT)

> *Puedes pedir algo en mi nombre, y lo haré, para que el Hijo pueda glorificar al Padre. Sí, pide algo en mi nombre ¡y lo haré!*
> (Juan 14:13-14 NLT)

¿Alguno de ustedes está enfermo? Llamen a los ancianos de la

iglesia para que vengan y oren por ustedes, ungiéndolos con aceite en el nombre del Señor. Tal oración, ofrecida con fe, sanará a los enfermos, y el Señor les curará. Y si has cometido algún pecado, serás perdonado. Confesad vuestros pecados unos a otros y orad unos por otros para que seáis sanados. La oración ferviente de un justo tiene gran poder
y produce resultados maravillosos.
(Santiago 5:14–16 NLT)

No te preocupes por nada; en cambio, ora por todo. Dile a Dios lo que necesitas y dale gracias por todo lo que ha hecho. Entonces experimentarás la paz de Dios, que excede todo lo que podemos entender. Su paz guardará sus corazones y mentes, mientras vivas en Cristo Jesús.
(Filipenses 4:6–7 NLT)

Mi esperanza es que esta revelación de la proximidad de Dios, active mayores niveles de fe de los que has experimentado. Funcionó para mí. La Palabra de Dios es su voluntad expresada para ti. Sus promesas fueron hechas para que las experimentes hoy.

Porque no importa cuántas promesas haya hecho Dios, son "Sí" en Cristo. Y así por él, el "Amén" es pronunciado por nosotros para la gloria de Dios.
(2 Corintios 1:20)

Me siento abrumado de emoción al leer 2 Corintios 1:20 NIV, donde dice "el 'Amén' es pronunciado por nosotros para la gloria de Dios." En esencia dice que ponemos *nuestro acuerdo* en las promesas de Dios cuando decimos "Amén" (que así sea), y la fe que se libera en nuestro acuerdo con Su Palabra (promesas), trae gloria a Dios, ya que esas promesas se manifiestan y cobran vida en nuestras vidas.

Dios es muy bueno. Él nos ama mucho. Él quiere que experimentes mucho más de lo que crees posible. Y mientras estés más y más consciente de la libertad que Él brinda, la esclavitud de ayer será abolida y las cadenas se romperán en miras al mañana.

Capítulo 31

Autoridad del Reino

Con los miles de millones de planetas que hay en el universo, Dios bien podría haber enviado a Satanás a cualquier parte después de expulsarlo del cielo. Pienso que es seguro decir que él pertenece al infierno. Pero él no está allí todavía. Dios decidió enviar a Satanás a esta tierra, al mismo lugar que Él hizo para nosotros, y luego nos dio dominio sobre el planeta (y sobre Satanás).

En Génesis 1:27-30, Dios creó al hombre y le dio autoridad sobre la tierra. En el salmo 115:16 la Biblia dice que los cielos son del Señor, pero que la tierra fue otorgada a la humanidad por Él.

Dios siempre ha pretendido que la humanidad gobierne la tierra y establezca el reino de Dios a través de la autoridad que Él nos ha dado, y estoy convencido que una parte de esto, implica gobernar sobre Satanás como representantes de Dios en la tierra. Pero la elección de utilizar esa autoridad, siempre ha quedado de nuestra parte.

Cuando Adán escogió pecar, en lugar de seguir las instrucciones de Dios, sometió su autoridad al gobierno e institución de otro reino, el reino del pecado; y ese reino tiene sus principios de cosecha y siembra (el más significativo es la muerte).

Aquello que estaba perdido

La mayoría de los estudiosos de la Biblia están de acuerdo en que el mensaje primordial de Jesús era el reino de Dios. Incluso cuando enseñó a sus discípulos a orar en Mateo 6, Jesús hizo referencia al reino de Dios establecido en la tierra "como en el cielo" (versículo 10). Creo que Dios siempre quiso que nosotros, Sus hijos, creados a Su imagen y semejanza, instituyéramos el gobierno y cultura del cielo aquí en la tierra, tal como lo hizo Jesús.

Mateo 18:11 dice que Jesús vino a salvar "aquello que estaba perdido" (NBLH). No dice "aquellos"; dice "aquello". Creo que lo que se perdió fue la autoridad que Dios le dio al hombre, y el hombre se rindió al reino del pecado. Y, por supuesto, el pecado produjo su propio fruto en la tierra, lo que finalmente nos impidió ver cómo sería el camino de Dios, si hubiéramos seguido Sus instrucciones desde el principio.

Ahora bien, las prácticas de la naturaleza pecaminosa son claramente evidentes: son la inmoralidad sexual, la impureza, la sensualidad (total irresponsabilidad, falta de autocontrol), la idolatría, la hechicería, la hostilidad, la contienda, los celos, las disputas, las disensiones, [que promueven herejías], la envidia, la embriaguez, el comportamiento desordenado, y otras cosas como estas. Les advierto de antemano, como lo hice antes, que los que practican tales cosas no heredarán el reino de Dios. Pero el fruto del Espíritu [el resultado de Su presencia dentro de nosotros] es el amor [la preocupación desinteresada por los demás], la alegría, la paz [interna], la paciencia [no la capacidad de esperar, sino cómo actuamos mientras esperamos], Fidelidad, bondad, gentileza, autocontrol.
Contra tales cosas no hay ley.
(Gálatas 5:19–23 AMP)

El versículo 21 dice "Los que practican tales cosas [el pecado] no heredarán el reino de Dios". Muchos asumen que se habla de ir al infierno o perder el cielo. Pero me pregunto si quizás significa más que eso. Cuando leo estas escrituras, no veo que las repercusiones sean algo en el camino después de la muerte, sino algo inmediato e instantáneo.

Creo que un cristiano puede emborracharse, caerse, golpearse la cabeza y aun así ir al cielo. Creo que puedes ser cristiano, experimentar varios niveles de inmoralidad y aún ir al cielo. Pero lo que no creo es que puedas hacer estas cosas (arraigadas al reino de las tinieblas), obtener los frutos que producen la muerte y ahogan las bendiciones, y aun así poder experimentar la libertad prometida en el reino de Dios, a través de los frutos del Espíritu de Dios.

Cuando Jesús restauró aquello que estaba perdido, restauró nuestra autoridad y la habilidad de experimentar los beneficios y promesas asociadas con el establecimiento del reino de Dios en la tierra. No tenemos que vivir atados al diablo, porque Cristo compró nuestra libertad y restauró nuestra autoridad sobre el enemigo.

Mas Él fue herido por nuestras transgresiones, Él fue golpeado por nuestras iniquidades; El castigo por nuestra paz estaba sobre Él,
Y por Sus heridas somos curados.
(Isaías 53:5 NKJV)

Experimentar la salvación es más que ir al cielo. Cuando Jesús murió, nos salvó de nuestros pecados, pero también nos salvó de las maldiciones que acompañan al pecado en el mundo. En Isaías 53:5, la Biblia dice que Jesús fue herido, magullado, quebrantado y destrozado por nuestras transgresiones e iniquidades (comportamientos pecaminosos). Para poder tener paz, el castigo fue recibido por Él y fuimos sanados por sus heridas.

Al mismo tiempo que Jesús adquirió nuestra libertad del pecado, adquirió nuestra paz y salvación. En la salvación se incluye todo. Todo aquello que se perdió cuando el hombre entregó su autoridad al reino del pecado, fue restaurado por Jesús en la cruz, con la finalidad que experimentáramos los beneficios de la salvación en la tierra, así como la eternidad.

¿Lo crees?

Escucha atentamente: Yo te he dado autoridad para que pises sobre serpientes y escorpiones y para ejercer autoridad sobre todo

el poder del enemigo. Y nada [de ninguna manera] te hará daño.
(Lucas 10:19 AMP)

El asunto con la autoridad es que debes creer que la tienes antes de ejercerla. Cuando la gente no sabe que tiene permitido hacer algo, dudan y esperan confirmación antes de actuar. Cuando no saben si pueden (o tienen permiso para algo), la mayoría de las veces no lo hacen.

Es muy importante que reconozcas y creas que no fuiste creado para vivir atado al pecado y la esclavitud del diablo. De acuerdo a la Biblia, Cristo te ha dado la autoridad sobre todo el poder del enemigo (Lucas 10:19).

La Biblia dice que cuando te opones al diablo, este huirá de ti (Santiago 4:7). No necesitas ser un pastor para tener autoridad sobre el diablo. Puedes decirle que lo quieres fuera de tu vida y cerrar su boca cuando te diga mentiras. Él no tiene más derechos sobre tu vida que el que tú le otorgas. Por lo tanto, párate firme ante él y utiliza la autoridad que Dios te dio.

El diablo no está sobre tu cabeza; está bajo tus pies (Efesios 1:22, 1 Corintios 15:27, Hebreos 2: 8, 1 Juan 14:27). Trátalo como tal.

Capítulo 32

Ya está en ti

Jesús no dijo que experimentaríamos el reino de Dios sólo después de morir. Al contrario, Jesús rezó para que el reino se estableciera "así en la tierra como en el cielo". Nuestra libertad y dominio no están allí para ser experimentados después que morimos, sino mientras vivimos, tal como fue con Jesús.

En Mateo 3:2, 10:7, y Marcos 1:15, Jesús dijo que el reino de Dios está cerca. Y Lucas 17:20-21 dice que el reino de Dios está en ti. Estoy convencido de que la autoridad que Jesús ejemplificó, fue un indicador de lo que podemos experimentar cuando entramos en la plenitud de la comprensión con respecto a quién es Dios y quiénes estamos destinados a ser, con Él como nuestro Salvador.

Sencillamente no puedo entender que Dios haya querido para nosotros, los seres creados a Su imagen y semejanza, una atadura al pecado y la muerte, para luego darnos dominio sobre la tierra. De hecho, Jesús contradice la mentalidad en Juan 10:10 cuando dice "He venido para que tengan vida y la experimenten al máximo".

Muchos creyentes tienen una mentalidad escapista en relación con la vida en la tierra. En sus mentes, han sido convencidos que vivirán por ochenta años (aproximadamente) mientras resisten los ataques de Satanás, con la lejana recompensa de ser recibidos en el cielo por Jesús, que les dirá "Bien hecho, mi fiel servidor. Recibiste la paliza como todo un campeón y viviste una vida humilde de derrotas, así que ahora puedes entrar y recibir tu recompensa." La eternidad del cielo es **sólo la guinda del pastel de lo que Jesús** consiguió para nosotros. Él no murió por nosotros sólo para que pudiéramos ir al cielo. Por el contrario, Él compró nuestra libertad y nos dio Su autoridad para que pudiéramos llevar el cielo a cada lugar en el que vemos el infierno en la tierra.

Una imagen reflejada

Jesús dijo, "Quien me ha visto ha visto al padre" (Juan 14: 9). También dijo que Él no hizo nada excepto ver (u oír) lo que el Padre hizo. Él le dijo a su gente: "Si quieres saber cómo se siente Dios acerca de una situación o lo que Su voluntad es respecto a ella, mira cómo manejo estas cosas y habrás visto una imagen reflejada de Mi Padre y Su voluntad".

Jesús no vivió excusándose o acobardado por los ataques del diablo. Y las pocas veces que le vimos frustrado con los creyentes en la Biblia, fueron debido a fallos en la implementación de aquello que habían aprendido de Él.

Autorizas a existir todo lo que toleras, y no puedo pensar en un solo evento en la Biblia en el que Jesús haya tolerado el ataque de Satanás. En cada caso dijo a los demonios lo que debían hacer.

Dios es muy grande para usar cualquier cosa y voltearla hacia el bien, pero piensa en esto, Jesús nunca bendijo una tormenta. Nunca dijo a alguien que sufría "Esta es la voluntad de Dios para enseñarte una lección y llevarte más cerca de él". Nunca excusó una enfermedad o muerte diciendo que "esa persona debe estar enferma o morir para que otros se acerquen a Dios por medio de la tragedia". Por el contrario, Jesús trajo el reino de Dios a cada hecho bíblico de esclavitud, enfermedad, carencias e incluso muerte, a todos aquellos que estaban sufriendo. En cada evento bíblico, sanó a cualquier que llegara a Él.

Todo lo que conocemos acerca de nuestra relación con Dios a través de Cristo, lo sabemos por las palabras y acciones de Jesús. Sabemos que Dios nos ama porque Jesús nos lo dijo y enseñó. Sabemos que tenemos gracia porque Jesús nos lo explicó y modeló con gracia todo lo que hizo. Sabemos que Dios nos perdona porque Jesús nos enseñó y modeló ese perdón. Sabemos que Dios no es un Dios de juicio, ira y condena porque Jesús creó algo mucho más distinto. Y sabemos que tenemos potencial sin explotar para hacer todas las cosas a través de Cristo, y en autoridad sobre nuestro enemigo, porque eso es lo que Jesús nos dijo. Por lo tanto, si aceptamos a primera vista la explicación de Cristo sobre la salvación, el amor de Dios y la gracia, entonces ¿por qué no seguimos el ejemplo cuando se trata de nuestra autoridad en la tierra?

Si me has visto, has visto al Padre

Recientemente escuché decir "Jesucristo es el teólogo perfecto". Cuando vemos las representaciones de Dios hechas por los profetas y el Antiguo Testamento, vemos una interpretación limitada a través de los cristales de hombres que conocieron parcialmente a Dios. Pero cuando vemos a Jesús, vemos la descendencia de Dios, compartiendo la perspectiva del Hijo de la eternidad quien conocía a Su Padre íntimamente. Y Él decía en Juan 14:7-9 "Si realmente me conoces, conocerás a mi Padre. Cualquiera que me ha visto ha visto al Padre. "

Si alguien conoce el corazón de Dios, es su Hijo perfecto. Por lo tanto, cuando alguien representa a Dios de una manera que no se parece a Jesús (quien refleja a Su Padre), su interpretación de quién es Dios, debe ser abierto a debate y cuestionado. Jesús dice que Él es la verdad (Juan 4:16).

Jesús dice que el reino de Dios está cerca (Marcos 1:15). Eso significa que está presente. Esta aquí. No, es alcanzable en el aquí y ahora.

Ese reino triunfa sobre cualquier otro. Satanás tiene su propio reino y representantes, pero tú sirves al Rey de reyes y al Señor de señores. Por eso, cuando conoces cuál es tu autoridad, entonces entiendes que no tienes que vivir atado a ningún ataque o mentira de tu enemigo. Cada demonio está sometido al Rey que reside dentro de ti y cuyo reino tienes completa autoridad para acceder e instituir.

Aquel que está en ti, es el más grande

No puedes dar lo que no tienes, pero cuando Jesús dice que el reino de Dios está dentro de ti, lo dijo para que tuvieras la revelación de que llevas ese reino y autoridad a cada lugar que vas, con la habilidad de entregarlo (instituir y colocar una demanda sobre tu esfera de influencia).

Sin Límites

Cuando la Biblia dice que somos herederos conjuntos de Cristo, significa que venimos de la misma cuenta y cargamos el mismo Espíritu de Dios y autoridad que Jesús uso para instituir los principios del reino del cielo en cada lugar donde se vea el infierno en la tierra.

Cristiano significa "como Cristo" o "Pequeño Cristo". Estás en alianza y fortalecido por el mismo Dios que fortaleció a Jesús. El mismo reino a Su disposición está a tu disposición. La Biblia dice en referencia a tu autoridad sobre Satanás, "El que está en ti es más grande que el que está en el mundo" (1 Juan 4:4).

No tienes que esperar hasta la eternidad, después de la muerte, para experimentar el reino de Dios. ¡Su reino está cerca y dentro de ti!

Para ponerlo de manera muy directa e inflexible, después de todo lo que Jesús dijo acerca de quién eres en Cristo, si aún no crees que puedes experimentar la victoria sobre los ataques del diablo hasta que mueras, tengo que preguntarte, ¿es posible que quizás la muerte sea tu salvación, en lugar de Cristo? Me doy cuenta que la declaración es directa, pero está hecha para inspirarte a considerar lo que tus acciones revelan acerca de tus creencias. Cuando Jesús se sentó a la derecha de Dios padre, el Espíritu Santo fue liberado para fortalecerte con el mismo poder que Jesús exhibió. Jesús no murió para que viviéramos una vida insatisfecha y de humillación.

La Biblia nos dice que la plenitud de la Divinidad estaba en Jesús (Colosenses 2: 9-23), y tal como Él es, así somos nosotros en este mundo (1 Juan 4:17). Tú estás fortalecido con un potencial ilimitado. Tal vez sea porque fuiste creado para más de lo que has experimentado o creído que es posible según lo que dice la Biblia: "Buscad primero el reino [de Dios] y su justicia, y todas estas cosas te serán dadas" (Mateo 6:33).

Cuando has tenido estos pensamientos y sentimientos de que la maldad prevalece en tu mundo y cómo no parece correcto basado en lo que te han enseñado acerca de Dios y Su amor, quizás estés en lo correcto. Quizás no es correcto que estas cosas sucedan.

¿Qué tal si todo lo que nos han enseñado acerca de Dios y su amor por nosotros es correcto, pero lo que nos han dicho sobre lo que Dios pretende para nosotros en este mundo como embajadores de Su reino y Su autoridad en la tierra, es completamente falso? ¿Y si nos enseñaron sólo la mitad del escenario y hemos estado esperando a que Dios haga por nosotros y otras personas, lo que Él nos facultó para hacer por nosotros mismos y para el resto del mundo?

Cuando Jesús dijo que podíamos lograr cosas más grandes que las que Él logró porque iba hacia el Padre y enviaría al Espíritu Santo para vivir entre nosotros y fortalecernos, realmente lo quiso decir. Y si así fue ¿cómo puede influenciar tus percepciones de quién es Dios a la luz de esta nueva revelación, quién eres como creyente en una relación de alianza con Él, los asuntos y catalizadores responsables de que experimentaras ciertas cosas en ambientes donde has estado, lo que significa para dónde estás ahora, y las experiencias que tendrás en el futuro hacia dónde vas?

Capítulo 33

Sigue llamando a la puerta

En este punto del libro mis esperanzas son que empieces a creer que quizás hay más para experimentar de lo que te han enseñado anteriormente o experimentado personalmente. Creo que tu espíritu confirma que lo que lees acerca de lo que Dios dice que eres es verdadero y tu mente, voluntad y emociones, comienzan a coincidir con la Palabra de Dios, acerca de quién pretendes ser.

Hemos dicho en capítulos anteriores que sin fe es imposible complacer completamente a Dios, así que si estás considerando la posibilidad que antes estuvo fuera de tu alcance, que tu fe está fortalecida (lo cual es esencial para experimentar el avance y la libertad de las barreras en tu vida, por las cuales has empezado a leer este libro).

Después de años en el ministerio y de haber considerado varios ángulos de lo que es la fe, a veces me he encontrado luchando con el concepto de si he estado actuando con fe o si simplemente he estado viviendo con esperanza. Quería estar seguro de estar viviendo con fe y no sólo con esperanza, porque parece que, por las muchas escrituras que he leído, la fe es el catalizador para experimentar los avances que a menudo me eluden en mi camino como cristiano, incluso como pastor.

El problema es que no entendía adecuadamente lo que era la esperanza y que era un aspecto esencial para liberar la fe. Para mí esperanza era una palabra para describir un deseo lejano, que no estaba seguro que pasaría, pero esperaba que sucediera. Por lo tanto, cuando leí en Hebreos 11:1 que "la fe es confianza en lo que esperamos", no tuvo sentido para mí. Me sentí en conflicto porque en mi mente la fe era consecuencia de mi creencia, y la esperanza se sentía más como el producto de la incredulidad o quizás a lo que recurría cuando no tenía fe. Fue muy difícil de procesar.

Sin embargo, más recientemente he estudiado y escuchado muchas enseñanzas relacionadas al tema de la esperanza, que le dieron la continuidad de la que carecía debido a mi definición. Lo que aprendí es que, desde una perspectiva bíblica, la esperanza es la anticipación alegre de algo bueno que sucede. Desde este punto de vista, la fe y la esperanza son inseparables debido a que la fe en Dios te fortalece para anticipar alegremente algún bien que Dios hará en tu vida. Este entendimiento se alinea completamente con las otras escrituras que hacen referencia a que, sin fe, es imposible estar completamente de acuerdo con Dios. También es importante darse cuenta de que aquellas áreas en las que no sentimos esperanza (anticipación de que algo bueno va a suceder) en Dios y Sus promesas, podría estar bajo la influencia mental de una mentira (que, como ya discutimos, puede impactar en las realidades que experimentamos).

Cuando liberamos la fe y reconocemos Su Palabra y Sus promesas, ponemos nuestro contrato con quien Él dice que es, con quien dice que somos y lo que dice que hará; y luego nos anticipamos a Dios completando Su Palabra en nuestras vidas. Con este nuevo enfoque de la esperanza, pude revisar mis pensamientos acerca de la fe.

Fe y Fórmulas

Mientras crecía, escuché que, si rezaba por algo, más de una vez, no estaba "caminando con fe". Ahora soy alguien a quien le gustan las fórmulas. Quiero que A + B sumen C, porque si es así, entonces se repetirá. Así que hice lo que me enseñaron, oré y agradecí a Dios por todo el avance. Y pensé que está fórmula tienen relevancia en lo relativo a la exhibición de la fe. Después de todo, si realmente crees que Dios no es sordo y que cuando rezas Él te escucha, pedir una sola vez será suficiente. Pero lo analizo todo, y cuando la respuesta no llegaba en el momento que la esperaba, o en la manera que la quería, me escapaba de la fe sin tener explicación de por qué las cosas no sucedían y me preguntaba si de verdad había tenido fe. Entonces leí Mateo 7:7 en la Biblia Amplificada y me confundió, ya que parecía contradecir mi fórmula de fe:

Pide y sigue pidiendo y se te dará; busca y sigue buscando y encontrarás; golpea y sigue llamando y la puerta se abrirá para ti.

Fui ministro por más de veinte años antes de preguntar acerca de esa escritura y le pregunté a Dios "¿Cuál es la opción? ¿Puedo pedir una vez y sólo creer, o pedir y seguir pidiendo?" Su respuesta me sorprendió cuando lo escuché decir, son ambas.

Para algunos, su fe está desarrollada al punto en el que creen que pedirán a Dios que cumpla sus necesidades y lo hará. Pero otros no están en ese nivel. Luego Dios me enseñó este próximo escenario como ejemplo.

Imagina por un momento que te llamo, te digo que estoy en casa y te pido que vengas porque tengo un cheque para ti que pagará toda mi deuda. Cuando te subes al coche para conducir, es probable que esperes (tanto en la perspectiva tradicional de un deseo distante y el sentido bíblico de una anticipación alegre) que voy a cumplir lo que prometí.

Si llegas a mi casa y llamas a la puerta, es probable que sigas esperando que haga lo que he prometido. Si no abro la puerta inmediatamente, comienza la duda. Lo que hagas luego de ese punto indicará, lo que crees acerca de lo que dije. (Como he dicho muchas veces en este libro, no tienes que decirme lo que crees, tus acciones lo demuestran.)

Si te alejas después de tocar unas cuantas veces, tus acciones revelan que esperabas que iba a estar allí para cumplir lo que prometí, pero en algún momento llegaste a un lugar donde la duda y la incredulidad te impidieron continuar con la fe necesaria para ver la puerta abrirse y experimentar lo que fue prometido.

Sigue tocando

Todos hemos llegado a un lugar donde nos cuestionamos. Nos preguntamos si Dios escucha que estamos tocando. ¡Sigue tocando! Cuando llega la duda, sigue tocando. Cuando las voces en tu cabeza dicen que las promesas de Dios no son para ti, sigue tocando. Cuando tus manos se cansen, sigue tocando.

> *Porque no luchamos contra los enemigos de carne y hueso, sino contra los gobernantes malvados y las autoridades del mundo invisible, contra los poderes poderosos en este mundo oscuro y contra los espíritus malignos en los lugares celestiales.*
> (Efesios 6:12 NLT)

Si Dios lo dice en Su Palabra, significa que es cierto. A veces hay cosas que influencian las realidades de las que no estamos conscientes. La Biblia dice que estamos en guerra en "contra de los poderes poderosos en este mundo oscuro y contra espíritus malignos en lugares celestiales" (Efesios 6:12). Vemos ejemplos de esto en la vida de Daniel (Daniel 10:13. Él oró por algo y **veintiún días después**, el ángel del Señor apareció y le dijo que la respuesta había sido enviada de inmediato, pero el Príncipe del reino de Persia (una autoridad del reino invisible) luchó contra la respuesta, para retrasarla por veintiún días. Durante ese tiempo Daniel siguió orando. Siguió tocando, por así decirlo.

Cuando tocas y sigues tocando, la repetición y constancia te permite continuar poniendo tu contrato en la Palabra de Dios y liberar la fe en tus circunstancias. Para algunos puede tomar hasta el décimo golpe, para otros puede ser hasta el trigésimo. Pero en algún punto, la intención de no renunciar te hace entrar en la fe por defecto, ya que tus acciones dicen "creo que harás lo que prometiste".

Todo se reduce a esto: Dios quiere dar regalos hermosos a sus hijos. Él quiere que seas libre. Algunas cosas tardan un poco más de lo que esperamos, tal como sucedió con Daniel. Lo importante es que, sin importar si esperas y crees o si sigues tocando, no te rindas.

Dios es fiel y finalizará lo que ha comenzado. La respuesta va en camino. Él quiere que experimentes la libertad, poder y potencial sin límites. El cheque ha sido firmado. Ahora sigue tocando si es necesario y apodérate de lo que te ha prometido.

Capítulo 34

El poder de una declaración

La Biblia es la Palabra inspirada de Dios. La palabra *inspirada significa* "respirada por Dios". Poner tu fe en el contrato con la Palabra de Dios tiene poder y una de las mejores maneras para crear o cambiar un entorno es hablar y orar con las escrituras y las promesas de Dios que coinciden con lo que experimentas o necesitas experimentar.

Hemos hablado en capítulos anteriores acerca de cómo Jesús fue nuestro ejemplo y como no se acobardó frente a los ataques demoníacos. Mateo, Marcos y Lucas describen una situación en la que Jesús se encontró cara a cara con el diablo y fue tentado por él.

La tentación de Jesús

Entonces Jesús fue llevado por el Espíritu al desierto para ser tentado por el diablo. Durante cuarenta días y cuarenta noches ayunó y tuvo mucha hambre. Durante ese tiempo el diablo vino y le dijo: "Si tú eres el Hijo de Dios, dile a estas piedras que se conviertan en panes." Pero Jesús le dijo: "¡No! Las Escrituras dicen: "El pueblo no vive solo de pan, sino de toda palabra que sale de la boca de Dios". Entonces el diablo lo llevó a la ciudad santa, Jerusalén, hasta el punto más alto del Templo, y dijo: "¡Si eres el Hijo de Dios, salta! Porque las Escrituras dicen: 'Él ordenará a sus ángeles que te protejan'. Jesús le respondió: "Las Escrituras también dicen: 'No debéis probar al Señor vuestro Dios'". Luego el diablo lo llevó al pico de una montaña muy alta y le mostró todos los reinos del mundo y su gloria. "Te lo daré todo", dijo, "si te arrodillas y me adoras." "Sal

de aquí, Satanás", le dijo Jesús. "Porque las Escrituras dicen: 'Tú has
de adorar a Jehová tu Dios y servirle solamente a él."
Entonces el diablo se fue,
Y los ángeles vinieron y cuidaron de Jesús.
(Matthew 4:1-11 NLT)

Ante la adversidad, cuando Su enemigo trataba de llevarle al pecado, Jesús combatió al Diablo con la Palabra de Dios. Cuando el Diablo le tentó, Jesús citó a la Biblia en Su defensa. En un punto, el Diablo intentó manipular a Jesús con la Palabra de Dios cuando le dice "Las escrituras dicen que Sus ángeles te protegerán".

Satanás es un adversario confabulador. Es estratégico en todos sus ataques. Te dirá lo que quieres escuchar y te golpea cuando estás caído. La Biblia no mencionaría estas tentaciones si no hubiesen tentado a Jesús. Estaba hambriento, débil y se enfrentaba al adversario por el que fue enviado a liberar a la humanidad. El diablo estuvo con Jesús en su momento más oscuro, donde no contaba con nadie que le apoyara y en una etapa de sufrimiento. La Biblia es la espada del Espíritu y Jesús nos mostró, en ese momento, cómo usarla contra aquel que viene a engañar, robar, matar y destruir.

Tienes que mover la boca si vas a mover una montaña
Se nos ha dado la Biblia para que podamos conocer los pensamientos específicos de Dios en asuntos específicos de la vida, pero declarar la Palabra para poder empuñarla como un arma, requiere conocer esa Palabra. Estas es la razón por la cual es esencial leer y estudiar la Biblia a diario.

Por consiguiente, la fe viene de oír el mensaje, y el mensaje es
oído a través de la palabra acerca de Cristo.
(Romanos 10:17)

La Biblia es nuestro manual de instrucciones para descubrir quién es Dios, cuáles son sus promesas, cómo se siente acerca de nosotros y de lo que estamos haciendo. Escuchar el mensaje de

Dios a través de Su Palabra y permitirle construir nuestra fe, son los motivos por los cuales es tan importante estar en ambientes con otros creyentes donde la fe se cimiente.

> *Así que hagámoslo, llenos de creencia, seguros de que somos presentables por dentro y por fuera. Mantengamos un firme control sobre las promesas que nos mantienen en marcha. Él siempre cumple Su palabra. Veamos lo inventivo que podemos ser en el fomento del amor y la ayuda, no evitando la adoración juntos como algunos hacen, sino estimulando a los otros.*
> (Hebreos 10:24–25 MSG)

Pastores y profesores han sido llamados por Dios para ayudarnos a incrementar nuestra fe. Es esencial leer, la Biblia, pero también oír las Escrituras expuestas por personas que han dedicado sus vidas a estudiar y enseñarnos a crecer aún más y a darnos la claridad necesaria para cuando se trata de empuñar la espalda del Espíritu a través de nuestras oraciones y declaraciones.

> *He escondido tu palabra en mi corazón, para no pecar contra ti.* (Salmo 119:11 NLT)

La Palabra de Dios hablada a través de tu boca, tiene un poder creativo y combativo. Jesús nos dice que *hablemos* a la montaña si queremos que ésta se mueva. Recientemente escuché a mi amigo, el pastor Patrick Norris, referirse a esto de esta manera: "Tienes que mover la boca si vas a mover una montaña", y yo me reí debido a su simplicidad, practicidad y la verdad de la frase. Cuando el enemigo venga contra ti, encuentra las escrituras necesarias para declarar sobre tu situación. Ellas te darán la habilidad de triunfar sobre cualquier ataque del enemigo. Si sientes miedo, declara:

> *Pues Dios no nos dio un espíritu de timidez o cobardía o temor, sino [que nos ha dado un espíritu] de poder y de amor, de sano juicio y de disciplina personal [habilidades que resultan en una mente tranquila y bien equilibrada].*
> (2 Timoteo 1:7 AMP)

Si te sientes, poco amado o derrotado, declara:

Sin embargo, en todas estas cosas somos más que vencedores y ganamos una abrumadora victoria por medio de aquel que nos amó [tanto que murió por nosotros]. Porque estoy convencido de que ni la muerte, ni la vida, ni los ángeles, ni los principados, ni las cosas presentes y amenazantes, ni las cosas venideras, ni los poderes, ni la altura, ni la profundidad, ni otra cosa creada, podrá separarnos del amor [ilimitado] de Dios, que es en Cristo Jesús nuestro Señor.
(Romanos 8:37–39 AMP)

Si estás en necesidad de financiera, declara:

Y mi Dios suministrará liberalmente (llenar hasta que esté lleno) todas tus necesidades, según Sus riquezas en gloria en Cristo Jesús.
(Filipenses 4:19 AMP)

Como ya discutimos en el capítulo 33, algunas veces tienes que tocar y seguir tocando. La Biblia dice que declares algo y será establecido, y algunas veces tu declaración puede ser una forma de tocar y liberar la fe. Declara y mantente declarando hasta que la puerta se abra. Mueve tu boca y habla a tu montaña hasta derribar esa barrera o tu experiencia refleje lo que Dios te ha prometido. Declara Sus promesas y saca las montañas de tu camino por el poder de la Palabra de Dios.

Capítulo 35

Se ha consumado

En Juan 19:30, Jesús declara, mientras inhalaba su último aliento en la cruz "Se ha consumado". En ese momento, Jesús restauró todo lo que había perdido la humanidad. Hasta ese momento, el hombre estaba separado de Dios por el pecado. Sólo nos podíamos acercar a Dios a través de un sacerdote. Dios sólo se comunicaba con nosotros a través de profetas escogidos. Nuestros pecados eran cubiertos temporalmente a través de los sacrificios de un sacerdote.

Pero Jesús se convirtió en el sacrificio final y perfecto por nuestros pecados. Él restauró las relaciones que habían sido rotas y restituyó la autoridad de implementar el reino de Dios en la tierra, que el hombre perdió cuando se alió con el reino del pecado. Jesús restauró la libertad, poder y potencial sin límites que fue creada por Dios para él.

Es debido a Jesús que tenemos la autoridad de cargar con el reino de Dios en dondequiera que vemos al reino de la oscuridad en el mundo. A causa de esta autoridad, el pecado sólo tiene la autoridad que nosotros le otorgamos. Ya no estás atado al pecado. Eres un hijo de Dios con el potencial de tener la autoridad del Rey de reyes y Señor de los señores, si así lo quieres. Cuando cometes un error no se debe a que no tengas poder ante el pecado, es debido a que has cedido tu autoridad en ese momento, pero puedes recuperarla.

Puedes mirar al pecado a los ojos y decirle "no". Puedes decirle a esa barrera que te oprime y que te ha robado la vida entera, que se debe ir. Puedes ordenarle al diablo que se vaya, mientras renuncias a los poderes de la oscuridad que influyen en tu vida, debido a la invitación e intrusión.

> *Pero Él nos da más y más gracia [mediante el poder del Espíritu Santo para desafiar el pecado y vivir una vida obediente que refleje tanto nuestra fe como nuestra gratitud por la salvación].*
> *Por lo tanto, dice: "Dios se opone a los soberbios y altaneros, pero [continuamente] da gracia a los humildes [que se apartan de la auto-justicia]". Resistid al diablo, y él huirá de vosotros.*
> *Acérquense a Dios [con un corazón contrito]*
> Y Él *se acercará a ti.*
> (Santiago 4:6-8 AMP)

El diablo ha tratado de convencerte que no eres libre, ha tratado de manipular las escrituras para hacerte sentir condenado; él dice que le has dado permiso de estar allí y ha tratado de convencerte que no tienes el poder para resistirte a su tentación. Y la razón por la que hace estas cosas es debido a que no quiere que tengas fe, ni derribes las barreras que ha puesto en tu vida para evitar que llegues al destino que Dios ha trazado para ti.

Ahora que tienes una percepción de los caminos deshonestos y has estado expuesto al conocimiento del potencial sin límites que está dentro de ti, cuando el enemigo de tu alma (mente, voluntad y emociones) venga a por ti, debes decirle que cancelaste el contrato con el que el pecado le dio influencia en tu vida. El sacrificio de Cristo y la alianza con Dios cancela cualquier autoridad anterior en tu vida. Eres una nueva creación. Tienes la mente de Cristo y puedes acceder a los pensamientos de Dios relacionados con tu vida y Su voluntad para tu victoria. ¡Tienes la autoridad sobre todos los trabajos del diablo! No tienes por qué permanecer en el lugar donde estabas ayer. Has experimentado la libertad, poder y potencial sin límites que puedes encontrar en la obra terminada de Cristo.

¿Qué ves?

Visualízate como un conquistador, heredero de las promesas

que Dios quiere cumplir para ti. Si lo puedes ver, lo serás. La misma mente que estaba en Cristo, está en ti. Enfoca tu mente en las promesas de Dios.

> *Por último, todo lo que es verdadero, todo lo que es honorable y digno de respeto, todo lo que es correcto y confirmado por la palabra de Dios, lo que es puro y sano, lo que es hermoso y trae paz, lo que es admirable y de buena reputación; si hay excelencia, si hay algo digno de alabanza, piensa continuamente en estas cosas [Centra tu mente en ellas e implántalas en tu corazón].*
> (Filipenses 4:8 AMP)

El New Living Translation (NLT) dice lo siguiente acerca de esta escritura "Fija tu mente en estas cosas (en lugar de centrar tu mente en ellas). Me encanta el uso del verbo *fijar* porque, aunque en este contexto significa enfocar tu mente, la palabra fijar (*fix* en inglés) significa "reparar algo descompuesto." Nuestros pensamientos descompuestos y creencias incorrectas pueden ser reparadas si centramos nuestras mentes, pensamientos, oraciones, declaraciones y fe en contrato con la Palabra y promesas de Dios.

Tú eres lo que Dios dice que eres y cada día que ejerces ese sistema de creencia, construyes tu fe y debilitas la fuerza de la barrera arraigada a sistemas de creencias equivocados.

Abrí este libro con Isaías 9:6–7, y pienso que también sirve para terminar.

> *Porque para nosotros nace un niño, un hijo nos es dado, y el gobierno estará sobre sus hombros. Y él será llamado Consejero Maravilloso, Dios Poderoso,*
> *Padre Eterno, Príncipe de la Paz. De la grandeza de su gobierno y la paz no habrá fin. Él reinará en el trono de David y sobre su reino, estableciéndolo y manteniéndolo con justicia desde ese tiempo y para siempre. El celo del Señor Todopoderoso logrará esto.*
> (Isaías 9:6–7)

Esta fue una profecía del nacimiento de Jesús por el profeta Isaías, unos 700 años de su nacimiento. En este texto Isaías dice, "el gobierno estará sobre sus hombros... de la grandeza de su gobierno... no habrá fin".

Esta escritura se refiere al restablecimiento del reino de Dios y la autoridad del gobierno de ese reino en la tierra, que nos fue entregado por Jesús. Amo las palabras *de la grandeza* (inmensidad de impacto) *de su gobierno* (autoridad para gobernar) *no habrá fin* (sin límites).

Jesús dijo "Yo soy la luz del mundo (Juan 8:12), pero luego dijo que Él te ha delegado esa autoridad y que ahora tú eres la luz del mundo (Mateo 5:14-16).

No solo eres recipiente de libertad; eres embajador de ella. Fuiste creado para tomar lo que has aprendido, implementarlo y convertirte en instrumento de la libertad para otros que estén en cautiverio, tal como estuviste alguna vez. Quizás hayas escuchado que las personas heridas tienen la capacidad de herir a los demás, pero estoy **más convencido que nunca que las personas** sanadas pueden sanar y las personas liberadas tienen la capacidad de liberar.

En los momentos finales de Jesús en la tierra, dijo a sus discípulos que la autoridad en el cielo y la tierra habían sido otorgados a Él, y que Él, a su vez, se los entregaría a ellos. Él les enseñó a tomar la libertad, poder y potencial ilimitado que había adquirido para ellos e implementarla para lograr cosas aún más grandes que las Él consiguió.

Al igual que a sus discípulos, Jesús te ha otorgado la misma habilidad de acceder a las posibilidades ilimitadas que ofrece el reino de Dios. El mismo Espíritu Santo derramado sobre los discípulos, vive dentro de ti y te fortalece.

Muchos creyentes alrededor del mundo escuchan las enseñanzas presentadas por Jesús en la Biblia (y reiteradas en este libro) para llegar a nuevos niveles de entendimiento relativos a quién es Dios, lo que Cristo hizo por ellos y cómo estamos supuestos a ser embajadores de Su reino. Ellos llevan la luz del amor y el poder de Dios a cualquier lugar donde ven oscuridad en el mundo.

Has empezado a recorrer la experiencia de la libertad, poder y potencial sin límites. Ellas no vendrán sin la oposición de tu enemigo. Después de todo, él ha invertido mucho tiempo y esfuerzo tratando de mantenerte en la oscuridad y en la esclavitud de su engaño, relativo a lo que Dios quiere para ti. Pero recuerda, Aquél que está en ti, es más grande que aquel que está en el mundo. Jesús pagó un gran precio para que fueras libre y Dios quiere que lo experimentes. Dios ha comenzado un trabajo contigo y quiere terminarlo.

Eres mucho más que sólo otra persona atada al pecado. Eres hijo de Dios, un embajador de Cristo, comisionado para cumplir Sus deseos en la tierra y portador del mismo Espíritu de autoridad que fortaleció a Jesús para que impactara al mundo. Acoge la verdad de lo que Dios tiene para ti. Firma tu contrato con esa verdad. Extiende tu fe y tus declaraciones hacia esa verdad y ve cómo esas montañas que antes parecían obstáculos impenetrables, se derriten ante la presencia de Dios que te fortalece.

¡**Visualízalo**! ¡**Cré**elo! ¡Encárnalo! Te estás embarcando en un nuevo capítulo en tu vida, los cristales son más claros que nunca y las posibilidades son ilimitadas.

Ahora bien, a aquel que es capaz de [llevar a cabo Su propósito y] hacer sobreabundantemente más que todo lo que nos atrevemos a preguntar o pensar [infinitamente más allá de nuestras mayores oraciones, esperanzas o sueños], de acuerdo con Su poder que está en acción dentro de nosotros, para Él será la gloria en la iglesia y en Cristo Jesús por todas las generaciones por los siglos de los siglos. Amén.
(Efesios 3: 20-21 AMP)

Conclusión

Espero que hayas disfrutado Sin Límites: Experimenta la libertad, el poder y el potencial para el que fuiste creado. Como alguien que luchó con la esclavitud de las barreras desde mi infancia hasta la vida adulta, escribí este libro para compartir la información que me hubiese sido útil hace 20 años, para superar los temas responsables de retener a millones de cristianos alrededor del mundo, de no conseguir lo que Dios tiene preparado para ellos.

Cuando tenía 20 años, siendo un joven ministro, estaba consciente que necesitaba experimentar más libertad y poder, pero no creía ser un buen candidato para alistarme en sesiones intensivas de fin de semana (y, para ese entonces, era todo lo que había disponible). En mi mente, la gente que iba a retiros de fin de semana, lidiaba con problemas más profundos que los míos (sin mencionar que era pastor y no quería que las personas conocieron las cosas con la que lidiaba en aquel entonces). Ahora entiendo que esa percepción no es correcta y que me pude haber beneficiado de esa experiencia, pero como muchos que están leyendo, esta no era mi percepción para aquel entonces.

Al momento de publicar *Sin Límites*, mi deseo era brindar información acerca del progreso y la eliminación de las barreras, que pude aprender a través de años de experiencia e investigación. Lo que he entendido es que hay una población muy amplia de personas, como yo, que han luchado con las mismas dos o tres barreras, que han colocado un techo en su éxito o ha bloqueado su potencial. Debido a sus ajustados cronogramas, percepciones personales, entendimiento limitado de la verdad (desde la perspectiva de Dios), un acercamiento limitado a ministerios de los que pueden recibir ayuda para ser libres, o simplemente por falta de deseo, muchos de aquellos que desean experimentar la libertad, no han buscado la información y los medios necesarios para llegar a ser tan libres como Dios pretende que sean.

La verdad contenida en *Sin Límites* tiene el potencial para transformar tu mundo por completo. He estado enseñando este material por años, y cuando se aplica, he visto cómo un sinnúmero de personas se ha liberado de las barreras que les han retenido durante toda su vida.

No es que estas barreras no tengan el potencial de regresar. Después de vivir con ellas, es obvio que nuestras vidas presentan un gran suelo para crecer. Sin embargo, después de ser iluminado por la verdad de la Palabra de Dios y dirigirse directamente a esas barreras, al re direccionar tu contrato y alinearlo con la fe en la Palabra de Dios, cuando ellas intenten regresar, tendrás la habilidad de reconocerlas desde sus semillas y tendrás las herramientas para arrancarlas antes que vuelvan a arraigarse.

Después de leer este libro y ser capaz de reconocer estas barreras por lo que son y cómo impactan tu existencia, puedes seguir buscando un entendimiento más profundo de vivir en la libertad, poder y potencial sin límites que Dios creó para ti. Para aquellos que quieren llevar el aprendizaje y la experiencia al siguiente nivel, he creado la compañía *Limitless Solutions* para brindar múltiples recursos adicionales incluyendo libros, planes de estudios en grupos pequeños, entrenamiento individual y grupal, seminarios y capacitación para iglesias/organizaciones sin fines de lucro para enseñar e instituir a *Sin Límites* como plan de estudios.

Algunos de estos recursos se describen en las siguientes páginas, pero mi sitio web proporciona información actualizada continuamente, mientras nuestro equipo se esfuerza por ampliar nuestra biblioteca de recursos excelentes y vitales en www.LimitlessSolutions.org.

Junto con la educación, la tutoría y el coaching, creo sinceramente que el tener una conexión con una iglesia local es una parte vital del crecimiento espiritual, pero muchas personas no saben cuál iglesia en su área les puede proporcionar el resultado esperado. Por lo tanto, he proporcionado un enlace en mi sitio web (como parte de los recursos a tu disposición) con una lista de iglesias alrededor del mundo, con una pasión por la experiencia que describimos en este libro. Esta lista va creciendo a medida que conocemos de iglesias relacionadas. Si tu iglesia es una de estas iglesias y quieres que sea incluida en esta lista, por favor ponte en contacto conmigo.

Gracias por tomarte el tiempo para leer *Sin Límites: Experimenta la libertad, el poder y el potencial para el que fuiste creado*. Me encantaría responder a cualquier pregunta o comentario, así que no dudes en enviarme un correo electrónico para contarme **cómo este libro** ha impactado en tu vida. Y no te olvides de entrar en Amazon.com, o en tu sitio web favorito, y dejar una reseña de este libro.

Acerca del autor

Aaron Davis, también conocido como Tattooed Preacher (el predicador tatuado) (www.TattooPreacher.com), ha sido ministro ordenado por más de veinte años. Este es su cuarto libro, siguiendo a *The Spirit of Religion* (2006), *Love Thy Neighbor* (2006), y el best-seller *Quantum Christianity: Believe Again* (2015).

Aaron ha servido en el ministerio como pastor de la juventud, pastor asociado, evangelista viajero, evangelista de la calle, pastor en línea, pastor de la adoración, pastor de ministerios de liberación y ha servido en el comité de consejeros en uno de los ministerios más respetados en los Estados Unidos. Ha trabajado y orientado a jóvenes sin hogar, jóvenes del centro de la ciudad, pandilleros y drogadictos. Ha tenido múltiples oportunidades de trabajar en privado orientando y prestando servicio a celebridades, sus familias y su personal. Viaja a nivel internacional como orador principal en temas de liderazgo y desarrollo de equipo, en referencia a su extensa experiencia de liderazgo en muchos campos como fuerzas de la ley, SWAT, resolución de conflictos, desarrollo de planes de emergencia de crisis, ser hombre, marido y padre y experimentar libertad personal, tanto en seminarios corporativos como en seminarios y talleres basados en la fe.

Recientemente, Aaron publicó el sitio web www.LimitlessSolutions.org donde se puede encontrar la biblioteca de recursos relacionados con este libro, incluyendo entrenamiento de video, entrenamiento personal, implementación de currículo, capacitación de entrenadores de libertad y desarrollo de personal de ministerio. En el futuro cercano, Aaron planea extender el nombre *Sin Límites,* así como los principios en la formación y el entrenamiento corporativos.

Aaron fue oficial de la ley desde 1999 hasta 2008, sirviendo

Aaron D. Davis

como oficial DARE, oficial de recurso de escuela, sargento detective (división de investigaciones criminales) y miembro del equipo SWAT. Fue nombrado oficial del año en 2002. Sufrió un atentado contra su vida en la línea del deber, lo que lo forzó a una jubilación médica.

Aaron es originario de Detroit, Michigan, y vive con su esposa de hace veinte años, Lisa, y su hijo, Rocky, en Nashville, Tennessee.

Cuando no está investigando, escribiendo, hablando en eventos de liderazgo, entrenando y sirviendo a otros, Aaron disfruta montando su motocicleta Harley-Davidson, buceando, haciendo andando en patineta con Rocky y siendo un esposo y padre amoroso.

Contacta a Aaron en Aaron@LimitlessSolutions.org.

Si disfrutaste *Sin Límites: Experimenta la libertad, el poder y el potencial para el que fuiste creado,* y quieres leer más contenido dedicado a explorar profundamente los temas de la autoridad del creyente, lo que implica nuestra alianza con Dios a través de Cristo y el poder del Reino de Dios que vive dentro de nosotros, mientras se compara la ciencia que respalda la teología expuesta; adquiere una copia del libro más vendido de Aaron D. Davis *Quantum Christianity: Discovering the Science of Scripture. Uncovering the Mysteries of Faith.* Está disponible en copia física, digital y audiolibro (narrado por el autor) en: www.LimitlessSolutions.org, Amazon.com o en tu librería favorita.

www.ingramcontent.com/pod-product-compliance
Lightning Source LLC
Chambersburg PA
CBHW070615300426
44113CB00010B/1544